단군이 영어했다

지은이 **문경주**

충청남도 서산 출생.
한성대학교 행정대학원 정책학과 수료.
저서 『도적놈도 성공하면 존경받는다』 외 몇 편.

단군이 영어했다

© 문경주, 2014

1판 1쇄 인쇄__2014년 07월 10일
1판 1쇄 발행__2014년 07월 20일

지은이__문경주
펴낸이__이종엽
펴낸곳__글모아출판
　　　　등록__제25100-2008-24호

공급처__(주)글로벌콘텐츠출판그룹
　　　　대표__홍정표
　　　　편집__노경민 김현열 김다솜　디자인__김미미　기획·마케팅__이용기　경영지원__안선영
　　　　주소__서울특별시 강동구 천중로 196 정일빌딩 401호
　　　　전화__02-488-3280　팩스__02-488-3281
　　　　홈페이지__http://www.gcbook.co.kr
　　　　이메일__edit@gcbook.co.kr

값 14,500원
ISBN 978-89-94626-19-2 03700

단군이 영어했다

문경주 지음

글모아출판

9천 년 역사를 가진 배달민족 언어를 분석하면
상당수가 영어와 맞닿아 있다.

아메리카 대륙은 우리 민족 영토였다는 정황으로 아버지클럽
최후 전사 (아파치족) '나나'가 있었다.

차
례

1. 가족 용어 정리 9

2. 桓雄(환웅)시대 언어 연구 23

3. 培達民族(배달민족) 37

4. 부여 41

5. 고구려 44

6. 渤海(발해) 47

7. 코리아와 아리랑 51

8. 한반도(Korea Peninsula) 인류 서식의 기원 53

9. 춘하추동(春夏秋冬) 관련 연구 70

10. 영어로 변한 우리 언어 연구 76

11. 실크와 실크로드 109

12. 길가메시의 서사시 131

13. 아파치 족의 최후 전사 '나나' 151

14. 바다라는 어원 174

15. 지구의 터전과 생명의 물 182

16. 무기체계와 영어 191

17. 불과 관련한 영어 197

18. 천체 관련 200

19. 고리족의 어원 211

20. 우리 문화 보존 225

결론에 갈음하는 역사적 사실들! 258

저자의 말 262

1. 가족 용어 정리

▮▮ Father(파덜): 아버지, 아빠, 파파

아버지의 본래 우리말은 '아비'이며 아비를 壓爸(압파)라고도 불렀다. '압파'는 壓(누를 압) 字(자)에 爸(아비 파) 字(자)를 썼다. 이 '압파'의 뜻은 가족의 自由放任(자유방임)을 보장하다가, 탈선이 있을 때는 아버지가 나서서 통제한다는 權威(권위)를 상징하는 의미였다. 또한 爸(아비 파) 字(자) 두 개를 겹쳐 써서 爸爸(파파)로도 불렀다. 영어권은 우리의 Papa(파파)를 슬그머니 가져다가 口語(구어)로 번역하여 사용하다가 Father(파덜)로 바뀌었다. 그게 언제부터인지는 모르지만 우리는 아버지를 '아빠'라고도 부르고 있으며 이 또한 壓爸(압파)에서 변형된 말로 짐작된다.

영어의 Father(파덜)은 爸(아비 파)에 ther(덜)을 첨가한 것이며 이 '덜'은 우리말 '들'에 해당하는 것만 다를 뿐이다. 어쩌면 한문 이전에 우리말을 가져다 써서 '아비' 또는 '파파'를 변형시켜 Father(파덜)의 발음을 '파~들'에 가깝도록 굴려서 말하는 것은 아닌지 생각된다. 결론은 ther(덜)은 우리말의 '들'을 알파벳으로 잘못 번역한 것으로 짐작되며 해석하면 그냥 '아버지들'이다.

▌ Mother(모털): 어머니

영어의 '모털과 파털'은 문법적으로 따지면 명사이기는 하지만, 단수가 아니라, 복수로서 어머니'들'에 해당한다. 왜냐하면 앞에 관사 The를 붙이지 않고 그냥 Mother(모털)이라고 했으므로 Mother(모털)의 ther(털) 끝에 R이 붙어 있어 '들'에 가깝다. 실제로 영어권 사람들은 '모더'가 아니라, '어마~털'에 가깝게 발음을 굴려서 말한다.

그렇다면 어원은 어디서 온 말일까? 두말할 것 없이 우리 고대어다. 하지만 漢文(한문)을 쓰기 시작한 것은 약 2천 년 전·후이기 때문에 고구려 이후에 영어권에서 즉, '母(어미 모)ther(털)'을 영문의 Mother(모털)로 변형한 것이 아닐까 생각되며 우리말로 해석하면 어머니'들'에 해당한다. 하지만 어미 또는 엄마라는 우리말을 '마털'로 발음하느라, '어마~털'에 가깝도록 발음을 굴리는지도 모를 일이다.

▌ Senior Mother(시니어 모털): 선배 어머니

이 말은 시어머니에서 변형된 영어다. 물론, Senior Father(시니어 파털) 또한 시아버지를 의미한다. 처녀가 시집와서 어머니가 되었으므로 시어머니는 그냥 先輩(선배) 어머니란 뜻이기도 하다.

▌ Boy(보이): (18세 전·후의 남자) 아이들, 아들, 甫怡(보이)

甫怡(보이)의 구성한자로는 甫(클 보, 손아랫사람 보, 사나이 보)의 뜻을 가진다. 怡(기쁠 이) 字(자)는 기쁘다는 뜻이다. 따라

서 甫怡(보이)는 커 가는 아이들을 보며 크게 기뻐한다는 의미
다. 글자를 먼저 만든 뒤에 뜻을 나중에 정하여 글자에 붙이는
것이 아니라, 사용되는 언어 뜻에 맞는 漢字(한자)를 適用(적용)
하기 때문에 漢文(한문)을 창제할 당시에 이미 우리 고대인들이
사용하던 언어로서 "커 가는 아이들을 보며 기뻐한다."는 문장
의 뜻글자를 만들었을 것으로 본다. 그렇게 볼 때 甫怡(보이)를
사용한 것은 한문 창제 이전부터 일 것이고 우리말에 맞는 한
자를 만들었거나, 차용했을 것임으로 영어가 우리말을 가져간
시기는 한문 이후부터 써온 것으로 본다.

보이의 怡(이) 字(자)는 당당한 소년의 기상을 의미하는 이름
글자로도 사용되어 왔음을 알 수 있다. 南怡將軍(남이장군)이 그
런 분이며 그는 1441년에 출생하여 17세에 朝鮮(조선)의 世祖(세
조)때 武科(무과)에 급제한 武將(무장)소년으로서 1468년에 28세
의 젊은 將軍(장군)으로 세상을 떠나, 안타까운 생을 마쳤다.

또한 우리 고대엔 임금의 나이를 나타내는 寶齡(보령)이란 한
자는 寶(보배 보)를 썼다. 일반인의 나이는 甫齡(보령) 몇 세의
소년이라는 등으로 사용했으며 보통의 아이들을 가리킬 때는
다른 甫(사나이 보) 字(자)를 사용해 왔다.

甫鬆妑(보송이)란 말도 사용해 왔는데, 甫(사나이 보) 字(자)
와 鬆(더벅머리 송) 字(자) 그리고 妑(양육할 이) 字(자)를 써서
"더벅머리 사나이로 양육된" 청소년을 의미하는 단어다. 이 단
어 역시 甫怡(보이)와 비슷한 뜻을 가지고 있으며 한문 이후에

우리말이다. 즉, 더벅머리 總角(총각)을 의미하는 뜻으로 우리들은 흔히 숫총각이라는 단어를 사용하고 있으나, 이는 적절치 못하다. 豎總角(수총각)은 豎(더먹머리 수, 내시 수, 비루한 수) 字(자)이며 '더벅머리' 뜻 하나만을 未婚(미혼)을 의미한다. 하지만 鬆(더벅머리 송, 거칠 송) 字(자)는 아직 지혜가 덜 발달한 젊은 總角(총각)을 나타내는 두 가지 뜻이 있다. 따라서 鬆總角(송총각)이라고 해야 더벅머리 총각으로서 上頭(상두)를 틀지 않은 未婚(미혼)상태로서의 더벅머리 소년을 나타낸다.

순수 우리말 '숫'은 Spotless(스파들)로서 즉, 결함 없는, 더럽혀지지 않은, 깨끗한 등의 뜻을 가진다. 이 단어 또한 영어권이 우리말을 가져간 것으로 본다. 관련하여 總角(총각)은 總(거느릴 총) 字(자)와 角(뿔 각) 字(자)로서 各其(각기) 글자의 뜻으로는 의미가 다르지만 總角(총각)의 단어 뜻은 "결혼하지 않은 성인남자"라고 정확이 명시하고 있어, 未婚(미혼)을 의미하는 뜻이 분명하다. 따라서 숫總角(총각)은 순수 우리말 깨끗함을 의미하는 '숫'과 한문의 總角(총각)을 결합한 단어라서 (결함이 없음과 미혼 등) 의미가 중복되어 적절치 못하고 鬆總角(송총각)이 가장 적합한 단어다.

▎▎ Baby(베이비): 갓난아이, 젖먹이, 胚離嚭(배이비)
배이비에서 胚(아이밸 배) 字(자)는 아이를 뱄다는 뜻이다. 離(떼어놓을 이) 字(자)로서 아이를 낳았다는 뜻이다. 嚭(크게기뻐할 비) 字(자)이며 胚離嚭(배이비)란 문장은 "아이를 낳아서 크게 기뻐한다."는 뜻을 가지고 있다. 이 말은 아이를 예뻐하는 의미로 사용되어온 언어로서 언제부터 써 왔는지는 분명치 않으나, 세계 어느 나라 말로도 "베이비" 어원을 찾을 수 없으며 오직 대한민국에서 사용하는 한문으로만 영어 베이비의 뜻과 일치하여, 이 또한 영어가 우리말을 가져다 쓰고 있는 것으로 본다.

우리 어머니들은 소위 胚奶(배내)저고리란 말을 쓴다. 언뜻 들으면 胚內(배내)로 알아듣고 배안에서 아이가 무슨 저고리를 입을까?하는 의문을 가질 것이다. 하지만 여기서 쓰는 胚(아이 밸 배) 字(자)는 임산부를 뜻하지만, 奶(젖 내, 유모 내, 어머니 내) 字(자)는 젖먹이 아이를 뜻한다. 따라서 '배내 Chŏgori(저고리)'는 출산 후 젖먹일 때 입는 옷을 일컫는 말이다.

📶 Girl(걸): 소녀, 여자아이

이 말의 어원 또한 같다. 즉, 'Girl(걸)'은 ther(덜)이 생략되었다. '여자'를 의미하는 女(계집 녀)자가 Girl(걸)로 바뀌었으나, 최근에는 女(여자 여)자로 바뀌어 사용된다. 하지만 우리 고대어는 '계집'으로 불렸으며 그 말을 영어가 Girl(걸)로 바꿔 쓰고 있을 뿐이다.

📶 Brothers(부라더스): 형제들, 남자아이들, 불알장이

이 말의 어원은 아주 재미있다. 우리 고대인들은 남자아이들을 가리켜 불알이라고 표현했다. 예를 들어 누군가가 자녀들을 몇이나 두었소?라고 묻는 다면 불알 세 개, 계집 하나요 하는 경우에 아들 셋, 딸 하나가 된다. 이 말의 어원은 바로 우리말

'불알장이'에서 유래하며 영어가 우리말을 변형하여 사용한 것
이다.

▌ Sisters(씨스터스): 쌔들, 쌔텅이

이말 또한 우리 고대어다. 우리 고대인들은 계집 아이를 경
시하는 풍조가 있었다. 소녀들을 가리켜 ㅂ지(쟁)이 또는 ㅆ(쟁)
들이라는 말을 썼다. 물론 욕되게 하려는 의도는 아니었으며 사
실적으로 그렇게 표현했을 뿐이다. 오늘날에 듣기는 좀 거북스
러울 것 같아 약자로 처리했다. 하지만 그냥 우리말로 상상해서
이해하면 된다. 꼭, 한문을 대입하여 性器(성기)라든가, 陰部(음
부) 또는 영어를 써서 Vulva(벌바)라고 해야 유식한 것은 아니
다. 순수 우리말로서 ㅆ터라는 표현은 자연스런 것이었으며 흉
터, 發疹(발진)터, 여드름터, 집터, 쉼터, 샘터 등 '터'라는 말을
많이 썼다. 우리말은 저속하고 외국말로 표현하면 고상하다고
생각하는 자체가 우리말을 가치 없는 것으로 경시하는 풍조에
서 오는 나쁜 思考方式(사고방식)이다.

▌ Fun(펀): 즐겁다, 뛰놀다, 愉快(유쾌)

오늘날 노인 세대들은 게으른 사람을 가리켜 "펀펀 놀고자빠
졌다."는 표현을 쓴다. {FunFun(펀펀)} Fun(펀) 하나로도 충분히
'놀다' 뜻인데 같은 뜻의 단어 두 개를 겹쳐놓았으니, 얼마나 잘
놀겠는가, 이 단어는 편하다는 뜻도 포함하는 복합 言語(언어)
다. 왜냐하면 편하지 않고는 놀기 어렵기 때문에 편하다는 의미
도 포함된 것으로 이해한다면 우리 말 '편히 놀고 있다'는 말에
서 변형된 영어임을 알 수 있을 것이다. 편하다는 뜻에 가까운

영어 단어로는 Comfortable(컴포태블)-기분 좋음, 편안함, Convenient (컨벤이엔트)- 편리함 등이 있다.

▐▌ Up(업): 위에, 오르다

이 단어도 우리말 '업다'에서 변형된 영어로 본다. 영어의 뜻은 '낮은 곳에서 위로 오르다'이지만 아이를 업는 것도 뜻이 통한다. 하지만 영어의 '업는다'는 Take on back the children(태크 온 백 더 칠드렌) 즉, "그 아이를 업다."라고 해야 맞다. 우리 조상들이 영어 단어를 쓴 것은 확실한데 문법은 달랐던 것 같다.

▐▌ Sweep(스윕): 쓸다, 청소하다

이 말은 우리의 쓸다에서 변형된 영어로 본다. 아마도 군대에서는 총기수입이란 말을 썼을 것으로 본다. 치사하게 영어권 사람들은 우리말의 '쓸다, 닦다'와 같은 단어까지 가져갔다. 하지만 영어가 청소를 의미하는 단어가 '스윕'만 있는 것은 아니라며 Clean(클린)을 내어 놓을 수도 있을 것이다. 그렇다면 그 또한 우리말 '컬컬이'에서 변형시킨 영어 아니냐고 물으면 뭐라고 대답할지 모르겠다.

가족 용어도 알아 봤고, 아이들이 커서 총각이 되는 과정까지 영어임을 알아봤으며 지저분해진 곳을 쓸어내는 청소까지 왔으니, 영어가 우리말을 살금살금 얼마나 많이 가져다 사용하면서 Royalty(로열티)도 안 주는지 '서문'을 읽고 나서 이제부터 본격적으로 조사해 봐야겠다.

☯ 서문

우리나라 고대어와 영어 관계를 연구하다가 영어 속에 우리 말이 많이 섞여 있음을 발견하고 어째서 우리말이 영어로 변했는지에 대한 의문을 가지게 되었다. 관련하여 다각도로 연구해 본 결과 그럴만한 이유가 있었다. 그래서 연구한 결과를 이 책에 담아 최초로 세상에 공개한다. 따라서 이 책을 쓰는 목적은 우리나라 청소년들 필독서가 되었으면 하는 바람에서이다. 우리 스스로가 동방의 작은 나라에 힘없는 민족이라고 위축되어온 사람들이 있다면 그들에게 배달민족이 얼마나 끈질긴 생명력을 가졌는지 알려서 우리 역사에 대한 긍지를 새로이 북돋아 주고 싶다. 오늘날 세계 언어가 되어가는 영어에서 조차도 우리 언어를 차용해 쓰고 있다는 놀라운 사실을 알려주어 자신감을 가지고 앞으로도 우리가 세계 주역이 될 것을 주문하고 싶어서이다.

비록 필자가 역사를 전공한 것은 아니지만 아무도 이 분야에 관심을 가지는 사람이 없어 안타까운 마음에 나섰다. 이렇게 말하면 어떤 사람은 도대체 우리 언어와 영어가 무슨 관계가 있는가?라는 의문을 가질 것이다. 그 이유는 다름 아닌 우리 역사문화를 보잘것없는 변방의 한 종족 정도로 스스로를 깔보는데서 비롯된다. 하지만 우리 조상들은 영어권의 삶에 끼어들었거나 때로는 주역이 되어 그들에게 직·간접적인 문화적 영향을 끼쳤다는 것을 의미한다. 우리 조상들이 거처했었을 것으로 여겨지는 세계 여러 곳에 우리만의 문화흔적이 남아있다. 특히 장례문화인 돌무덤(고인돌)에서도 그 사례를 찾을 수 있는데 우리들은 선사시대 돌무덤을 고인돌이라 부르지만 영어로는 Dolmen(돌멘)이라고 부르는 것이 단적인 증거라 하겠다.

왜냐하면 돌무덤이라면 영어로는 Stone Grave(스톤 그라브)라고 불러야 하겠지만, 돌멘이라고 부른다는 것은 영어가 우리 고대어를 차용해 쓰고 있다는 반증으로서 돌멩이는 우리만의 고유 명사이기 때문이다. 그러므로 고인돌이 있고 그것을 Dolmen(돌멘)이라고 부르는 곳은 우리 조상들이 살았던 문화권이라 할 수 있다. 우리 조상들이 세계로 이동해 간 곳은 유럽을 비롯하여 시나이반도, 이라크, 갈대우르, 멕시코 등이 있다.

그밖에도 여러 나라들 속에 소수의 부족 형태로 섞여져 우리 전통문화를 많이 유지한 채 오늘날까지 살아가고 있다고 한다. 돌문화가 우리 고유기술이라는 것을 웅변적으로 말해주는 사례로서 선사시대에도 거대한 돌을 이동시켜 고인돌 무덤을 만들었고 성벽 돌담장을 쌓았으며 심지어는 돌로 만드는 난방용 구들장까지도 우리기술이다. 현대 장비로도 움직이기 쉽지 않다는 광개토대왕 비문을 새겨 세울 수 있는 돌 사용 기술은 우리가 세계를 압도할 거석문화 선구자들이었다는 것을 말해준다.

미지의 세상을 개척하는데 두려움 없이 도전했던 우리 조상들 중 일부는 아메리카 대륙으로 들어가 그 땅을 차지했으나, 1620년경 콜럼버스가 그곳을 탐험했을 때 서인도로 착각하여 인도 사람들로 표기한데서 비롯되어 사실상 그 땅의 주인으로 살아가던 배달민족은 엉뚱하게도 인디언이란 별명으로 불리게 되었던 것이다. 관련하여 우리 민족이 그 땅을 실질적으로 점유했으므로 미국대륙은 배달민족 조상의 영토였다고 할 수 있다. 물론 당시에 배달민족(인디언)이 국가를 선포하지는 않았다. 그리고 오늘날은 어느 땅이던 100년 이상, 실효지배하면 그 나라 영토로 인정한다. 그러므로 국제법적으로 우리의 영토는 아니다. 하지만 일본의 독도 영유권 주장이나, 중국은 우리의 고조선 영토를 차지하고 배달민족의 문화까지도 저의들 것이라고 우기는데 비하면 우리 민족이 미국대륙을 수천 년 이상 점유했으므로 조상의 영토였다는 정신적 연고의 긍지를 가질 필요가 있다.

오늘날 세계를 지배하는 민족은 그들 나름에 자랑스러운 역사를 정신적으로 기억 계승한다는 사실이다. 미국의 청교도 정신은 유대인들 고난의 역사와 결합하여 오늘날 세계를 지배하고 있으며 일본의 야마토정신은 비록 그 眞僞(진위)에 의문이 있지만 天孫降臨(천손강림)민족을 강조하면서 세계의 경제대국을 건설했다. 영국은 앵글로색슨족의 긍지를 가지고 있으며 독일은 게르만 민족의 우수성을 자랑으로 여기면서 세계를 움직이는 막강한 동력을 얻어 국제 지도자적 위치를 상징하는 G7멤버로 우뚝 서있다. 중국은 그들의 역사적 정통성과 우월성을 내세우고자, 우리 고조선 홍산문화 권역까지 가로채 고구려 강역이었던 성벽에 벽돌을 덧대어 고대 중국인들이 축조한 성벽으로 둔갑시키고 있다.

한 세대에게 어떤 정신문화를 교육시키느냐에 따라 그 효과가 100년 내외에 나타난다고 한다. 실제로 우리 역사를 살펴볼 때 독재정권 당시에 20세 전후의 세대들에게 왜곡된 민주주의 정신교육을 시킨 결과가 불과 40여년 후에 나타나고 있다. 오늘날 우리나라 청소년층과 노년층이 전혀 다른 사고방식을 가지는 이유가 정신문화 교육이 달랐기 때문이다. 그렇다면 우리는 백년 후를 대비하여 어떤 긍지를 가지도록 교육시켰으며 배우고 있는가? 우리는 장장 9천년 역사를 가지고 있으며 배달민족 후손인 백제와 신라 사람들은 사실상 일본열도를 점유하다시피 살면서 가야국으로부터는 철기 문화를 전수해 주었고 백제로부터는 글을 가르쳐 주는 등, 생활문화 전반에 걸쳐 일본에 영향을 주었다.

또한 아메리카 대륙에 진출하여 그 땅의 주인 노릇 했으므로 실질적인 영토처럼 관리한 바 있다. 우리 민족은 巨大商團(거대상단)을 꾸려 세계 속으로 파고들어 문물을 교류했으며 고인돌무덤 등, 돌을 다루는 기술을 전수했다. 그 증거로 우리가 사용해 온 언어들이 영어로 변해있다는 사실을 자랑으로 여기며 긍지를 가지자는 것이다. 연구를 거듭해보면 흥미진진한 더 많은 관련성이 있을 것 같다. 따라서 혼자서 고뇌할게 아니라 차제에 전문 학식을 갖춘 여러 사람들이 함께 관심을 가지고 연구해 우리 민족이 세계역사 속에 어떤 문화적 자취를 남겼는지를 찾아내는 데 동기가 되었으면 하는 바람에서 이 책을 쓰기에 이르렀다.

*특별히 한 가지 당부 해두고 싶은 것은 우리 조상들은 혼합민족으로서 각 종족에 따라, 사용 언어가 달라, 하나의 목적물을 여러 개의 다른 이름으로 부르거나, 또는 소통을 위해 두 종족 간에 다른 단어들을 연결하여 외운 흔적이 있다. 고대 언어들이 한문 등의 침투로 너무 많이 변하고 添削(첨삭)되어 발음 변형이 심해져서 오늘날 영어 발음과 딱히 일치하지는 않는다. 하지만 어원적 뿌리를 해석해보면 영어와 같은 뜻을 가지는 단어들이 많다는 사례로서 연구의 시발점으로 삼아야한다는 것을 미리 강조해 두는 바이다.

☯ 본문

오늘날 중국 땅에 묻혀있는 우리 조상의 역사인 홍산문화 전체를 고스란히 중국에게 빼앗기고 있는 현실이다. 우리가 그 땅을 찾아올 국력이 있다면 우리 조상 유적이라고 주장할 근거들이 있으나, 그러하지 못할 상황이라면 이른바 요하문명권 유적들이 대한민국 조상이었다는 확인만이라도 받고 싶은 게 현실적인 바램 일지도 모르겠다. 그런데 안타깝게도 우리가 배달민족이라고 가르쳐 왔지만 배달민족이 과연 무슨 뜻인지? 심지어는 『삼국유사』기록에 환인의 아들인 "檀君王儉立都阿斯達(단군왕검입도아사달)"이라는 문구를 해석함에 있어, 아사달이 어디쯤인지? 조차 등등도 밝히지 못하고 있는 현실이다.

乃往二千載有'檀君王劍'(내왕이천재유'단군왕검')

立都'阿斯達'(입도'아사달')

開國號'朝鮮'(개국호'조선')

- 『삼국유사』의 자료인용

　위 기록은『삼국유사』의 고조선 역사에 관한 것이다. 과연 우리가 인용하는『삼국유사』의 기록글자인 한문이 우리나라 고대인들이 사용하던 말을 제대로 번역할 수 있는 글이었는지부터 따져봐야 한다. 우리 고대문화 속엔 녹도문자, 가림문자 등이 있었다고 알려져 있다. 무엇보다도 중요한 것은 한문도 우리 민족의 통합된 순수언어가 아니라는 사실이다. 고대 우리 조상 중에 어느 한 종족의 언어이거나, 또는 우리와 전혀 다른 민족의 글자를 차용하여 쓰고 있는지도 모른다. 하여튼 이 漢字(한자)로 인하여 우리 언어문화는 무참히 변질되었으며 경우에 따라선 언어구조가 송두리째 망가졌다고 해도 지나치지 않다. 따라서 이 한자 뜻만 가지고 우리 고대 언어들을 온전하게 재현 확인할 수 있을 것이란 생각부터 바꾸지 않으면 역사 진실을 복원하기가 어려우리라고 걱정된다. 우리가 배워온 역사 중에 단일민족이란 말도 이미 사실이 아닌 것으로 밝혀졌다. 몽골리안 계통의 (아리안, 수메르, 만주족, 알타이) 여러 종족들이 포함된 혼합 민족이라는 것이다.

　시대가 격변하면서 통치 집단이 바뀌고 새로운 세력들은 구시대를 부정하거나, 비하하는 등으로 자신들을 우월한 사람으로 내세우고 싶어 한다. 따라서 정통성이 결여되었거나, 순리를 역행한 통치자들은 피 통치대상들에게 애써 주입시키려는 교육 정책의 반대되는 게 진실인 경우가 있다. 역사도 예외는 아니어서인지 집권욕심 쟁탈로부터 바뀌는 정권들 필요에 따라, 자기중심 사상들을 교육시키려는 경향이 강하다. 딱히 그런 맥락에서인지는 단정할 수 없지만 언젠가부터 우리 역사도 변질되어 귀가 따갑도록 단일민족임을 강조해 온 가르침을 받아왔으나, 역사 공부 좀 한 사람들이라면 우리가 혼합 민족임을 누구나 인정하는 추세다.

우리 조상이 배달민족이라고 강조해 온 교육에 비추어 배달 민족이 가장 뛰어난 종족으로 짐작되기는 한다. 그런 의미에서 아마도 배달민족이 아리안 족은 아니었을까도 짐작된다. 왜냐하면 아리안 족은 영어권에서도 널리 알려져 있을 뿐 아니라, 영국에서 최초로 쏘아 올린 우주선 이름을 아리안 1호로 명명했다는 사실만으로도 아리안 족이 유럽 깊숙하게 얼마나 큰 영향력을 끼쳤는지 유추할 수가 있다. 아리안 족이었던 아니면 다른 종족이었던 간에 영어 속에 우리말이 아주 많이 섞여 있는 것은 우리가 그만큼 영어권에 영향력을 끼쳤다는 사실을 반증하는 것으로 이와 관련된 연구대상을 이 책에서 다루고자 한다.

2. 桓雄(환웅)시대 언어 연구

桓雄(환웅)은 단군신화에 나오는 인물로 天帝(천제)인 환인의 아들로서 天符印(천부인) 3개와 3천 명의 무리를 거느리고 태백산에 내려와 세상을 다스렸고, 웅녀와 결혼하여 단군왕검을 낳았다는 것이다.

天符印(천부인)이 과연 무엇일까?

❚❙ God Believe Sign(갇 블리브 싸인): 하느님을 믿는 암호(**天子身分證**(천자신분증)

환웅시대로부터 7천여 년 후에 創製(창제)된 한문으로 『삼국유사』를 기록했던 일연스님이 영어를 모르기 때문에 천부인을 제대로 해석할 수 없다. 아마도, 당시에 구전되던 설화는 정확하게 God Believe Sign(갇 블리브 싸인)이 아니라, '가부인'과 비슷한 말이었을 것이다. 분명치 않았을 우리 고대어를 근거로 天符印(천부인)까지 해석했다는 것은 일연스님이 아주 놀라운 당대의 석학임에 틀림없다.

天符印(천부인): 천자의 帝位(제위)에 표시로서 하늘이 내려준 세 개의 증표를 寶印(보인)이라고 한다.

▮ 天(하늘 천) 字(자)의 뜻
God(갇)을 귀신으로 봤으므로 하늘로 번역한 것이다. 당시엔 환인들이 하늘에서 왔다고 했으니 당연히 갇은 하늘의 神(신)이다.

▮ 符(부신 부) 字(자)의 뜻
符信(부신) 手決(수결) 祥瑞(상서).

▮ 印(도장인) 字(자)의 뜻
도장 찍다, 찍히다, 박다, 박히다, 새기다.

옛날 중국에서 관직의 표시로 허리끈에 차고 다니던 金石類(금석류) 조각물.

▮ 符信(부신)
나무 조각이나, 두꺼운 종이에 글자를 쓰고 證印(증인)을 찍은 뒤에 두 개로 쪼개어 각자가 나누어 보관하다가 필요에 따라 그것을 맞추어(본인이나, 타인 또는 후손들 포함)보며 증거로 삼던 물건.

▮ 手決(수결)
자기 성명이나 직함아래 도장대신 자필로 글자 또는 그림을 직접 씀, (Sign=싸인) 또는 手押(수압) 즉, 指章(지장) 指紋(지문)을 찍는 것.

▮▮ 祥瑞(상서): 복되고 길한 일이 일어날 징조

천자가 제후국의 임금을 봉할 때 주는 笏主(홀주) 즉, 임명 표찰
에 해당함.

祥(상서러울 상) 字(자)는 상서로움, 복됨, 재앙을 의미하는 뜻.

瑞(서) 字(자)는 상서, 길조, 경사스럽다.

笏(홀) 字(자)의 뜻은 천자가 제후를 봉할 때 주는 牌(패)로서
명찰, 符信(부신),符節(부절) 등이다.

▮▮ 符節(부절)

돌조각이나, 대나무, 등에 신표를 새겨 사용하던 물건으로서
조정에 벼슬아치들이 임금을 만날 때 반드시 관복을 입고, 나무
조각에 새긴 작은 品階名牌(품계명패)를 들게 되어 있었다.

▮▮ 寶印(보인)

寶(보배 보) 보배롭게 여기다. 神(신). 또한 印(인)의 뜻은 위
와 같이 찍는 것으로서, 위에 세 가지 징표를 아주 중요한 보인
으로 의미한다.

위에 열거한 내용들이 天符印(천부인)이 가지는 뜻이다.

이를 정리하면 천부인이란 符信(부신), 手決(수결), 祥瑞(상서)
로 세 가지의 징표다. 따라서 환인들은 하늘을 믿는 독실한 신
자들로 천부인이란 증표를 가지고 있었으며 어쩌면 서양기독교
는 우리의 조상 환인들로부터 전래된 변질된 신앙으로 짐작된
다. 천부인의 실체는 "부신=믿음, 수결=징표, 홀패=인정" 이 세

가지의 삼위일체가 될 때 하느님과 하나라는 의미다.

첫째: 符信(부신)이란 종이, 천, 또는 나무 조각에 그림이나, 어떤 표시를 하고, 그것을 쪼개어 하느님 또는 제사장과 신표로 나누어가지는 것이다.

둘째: 手決(수결)이란, 자기 성명아래 도장 대신 자필로 그림 또는 글자를 쓰거나, 지문이 찍어진 것을 하느님 또는 대리인으로부터 받은 증표다.

셋째: 祥瑞(상서)란, 임금 또는 하느님을 배알할 수 있는 符節(부절)의 笏牌(홀패)를 의미한다.

桓雄(환웅)무리 3천 명이 태백산에 내려왔다고 기록했다. 그렇다면 태백산이 어디쯤에 있는 어떤 산일까?

❚❙ Great White Mountain(그릿 화이트 마운틴): 거대하고 하얀 뫼
'뫼'란 Mountain(마운틴)의 약자다. 즉, Great white mountain (그릿 화이트 마운틴)을 번역하면 "거대하고 하얀 산"이다 그렇다면 太白山(태백산)이 틀리다고 할 수도 없고, 맞는 것으로 볼 수도 없다. 왜냐하면 크고 하얀 산이 태백산만 있는 것은 아니다. 백두산도 같은 뜻이며 겨울철이라면 눈 덮인 산은 대개가 하얗기 때문이다. 다만, 백두산은 약 3천 년 전후에 화산 폭발이 있었다고 알려져 있어, 그 전에 어떤 모습이었는지 알 수 없다. 결론은 태백산이란 번역은 일연스님 주관적인 생각이기 때

문에 별 가치가 없다. 필자의 생각으로는 그래도 백두산을 꼽고 싶다. 왜냐하면 백두산은 화산으로서 9천 년 전쯤 폭발 징후로 하얀 연기를 내뿜고 있어 연기와 김이 서려있는 하얀 산이었을 지도 모를 일이라고 억지를 부리고 싶다.

桓雄(환웅)이 과연 무슨 뜻일까?

결론부터 말하면 고대인들이 漢文(한문)을 사용하지도 않았다. 따라서 檀君(단군)이니, 桓雄(환웅)이니, 하는 용어들은 漢文 (한문)이 창제된 이후에 후세사람들이 자기들 마음대로 끌어다 붙여 놓은 이름으로서 전혀 근거가 없는 해석이다.

▮ Father Union(화덜 유니온): 파덜 연합, 수컷들 무리다
당시에 아버지들로 보이는 3천여 무리들이 떼를 지어 나타나 스스로를 하늘에서 온 사람들이라며 Placard(플래카드)를 들고 口語(구어)로 자신들은 Father Union(화덜 유니온; Father을 화 덜로도 발음했음)이라고 했을 것이다. 당시에 토착민들은 그게 무슨 말인지 뜻을 알 수 없었을 것이므로 들리는 대로 '화늉 또 는 화웅' 정도로 알아들었거나, 어쩌면 처음부터 환웅으로 알아 듣고 구전되었을 수도 있다.

桓(푯말 환, 또는 머뭇거릴 환) 字(자)는 역참이나, 대중적 장소 에 案內(안내)를 목적으로 세우는 표식 말뚝에 쓰임, 궁궐이 나 城(성) 따위가 넓고 큼, 聖父(성부)의 뜻을 가지고 있음,

대략 이런 뜻을 함유하고 있는 契字(글자)다.

그런데도 불구하고 이 桓(환) 字(자)를 빛이 난다고 해석하는 분도 있는데 필자는 학식이 모자라서 잘 모르겠다. 설마! 그럴 리야 없겠지만, 日(해 일) 字(자)가 있다는 것으로 빛난다고 해석한다면 그것은 잘 못 된 것이다. 木(나무 목) 字(자)옆에 위아래를 一(일) 字(자)로 막아 놓은 형상인데 겨우 한쪽 귀퉁이를 열어놓은 것이 어째서 빛날 뜻인가? 만약 그렇다면 日(해 일) 字(자)는 빛이 아니라, 불덩이로 해석해야 하지 않겠는가?

위에서 언급한 대로 Placard(플래카드)를 들고 머뭇거리고 다녔다는 그 무리들의 행동을 묘사하는 글자로 桓(푯말 환) 자를 특별히 만들었거나, 끌어다 붙였을 것으로 본다. 한문 창제시기를 2천 년 전·후로 본다면 당시엔 驛站(역참)을 운영했을 것으로 짐작되며 桓(푯말 환)자의 뜻은 驛(역)에서 말을 갈아타던 곳의 표식을 알리는 牌(패) 즉, Placard(플래카드) 팻말을 뜻하기 때문에 환웅 역사와 관계없이 창제된 글자일수도 있고 聖父(성부)의 뜻도 가지는 桓(환)자란 대목에선 환웅을 설명하기 해 창제되었거나, 후세에 그런 의미를 부합되도록 확대 해석하는 譯註(역주)를 붙였는지는 확실치 않다.

▐▌ Placard(플래카드): 푯말, 契字(글자) 또는 그림을 그려 啓示(계시)함. 요즘말로 '懸垂幕(현수막)'이다.

雄(수컷 웅): 백두산의 웅대한 자태, 웅장함, 넓은 宮闕(궁궐)을 뜻함, 聖父(성부)를 일컬음, 이와 같이 여러 뜻을 가진다고 되어 있다.

위와 같이 여러 의미를 가지는 多義語(다의어)로서 桓雄(환웅)의 뜻을 한마디로 압축하기는 쉽지 않다. 따라서 번역하는 漢文(한문)을 찾아내는데 매우 고뇌하여 환웅이란 글자를 끌어다 부친 것으로 여겨진다. 왜냐하면 우리 민족이 漢字(한자)를 사용하기 시작한 것은 고구려 초기부터라고 알려져 있으므로 고구려까지의 역사가 1,800년 정도 되므로 본격적으로 한문을 사용하기 시작한 것은 대략 2천 년 전후로 보면 될 것이다. 따라서 환웅이 하늘에서 내려왔다는 시기는 약 9천여 년 전이라고 할 때 당시에는 한자가 존재하지도 않았으므로 그분들의 이름이 환웅이라 불렀다고 하더라도 어떤 한자를 썼다고는 단정할 수 없다. 桓雄(환웅)이란 단어는 순전히 번역하는 사람이 자기 마음에 드는 漢字(한자)를 골라서 인용했을 것은 분명하다.

그렇다면 2014년의 상식으로 桓雄(환웅)을 재해석해 보자. "聖父(성부)를 자처하는 많은 사람들이 푯말을 들고 나타나서 백두산처럼 웅장한 무리를 지어서 여기저기 머뭇거리다." 아마도 이와 같은 해석이 적절할 것이다. 결론적으로 桓雄(환웅)의 뜻은 어느 한 사람의 이름이 아니라, 3천의 무리를 이끌고 나타나, 어디에 자리 잡을지를 찾느라, 머뭇거리고 있었다는 정황을 설명하는 문장을 함축한 단어다.

여기서 聖父(성부)란 단어를 한번 검토해 보자. 당시에 그들이 하늘에서 왔다고 했으므로 하늘을 聖(성)스러운 곳으로 推仰(추앙)하던 사람들 입장에선 당연히 하느님으로 믿었을 것이다. 과연 그들이 어디서 왔던 아주 먼 곳에서 왔을 것은 분명하다. 교통수단이 발달하지도 못했던 고대사회에서는 아주 험난한 길을 헤치고 왔을 것이다. 그러자면 여자보다는 남자들이 많았을 것이며 그것도 늙은이나 아이들보다는 한창때인 청년들이었을 것이다. 그렇게 본다면 현지인 처녀들로 장가를 들어야 하는 입장이니, 미개한 토착민들에게 우리는 하늘에서 온 사람들이라고 뽐냈을 것이므로 聖父(성부)가 틀림없다고 여겼을 것이다.

실제로 그들은 곰을 토템으로 믿었던 베어 족들과 결혼했다는 사실을 단군신화로 설명하고 있다. 하지만 후대사람들이 그것을 한문으로 기록하면서 번역을 잘못하여 오늘날 후세인 대한민국 사람들이 역사해석에 혼란을 겪게 된 것이다. 그럼 진짜 桓雄(환웅)의 뜻은 무엇이었을까? 필자도 상당한 고뇌로 연구를 거듭하여 얻은 결론은 역시 영어의 Father Union(화덜 유니온)이다.

즉, 일연스님이 아무리 당대의 석학이라도 영어를 알지 못했을 것이므로 아버지 연합이란 말을 한문으로 해독할 리가 없다. 그래서 연결도 안 되는 桓雄(환웅)이라고 적어 놨던 것으로 본다.

분명한 것은 당시에 3천 명이나, 되는 사람들을 거느리고 왔다는 지도자의 이름 글자는 아니다. 왜냐하면 당시엔 한문이 있지도 않았기 때문이다. 따라서 환웅은 어느 한 사람이 아니며 桓雄(환웅)이란 글자가 함유하는 의미를 종합해보면 수컷으로 이루어진 聖父(성부) 즉, 아버지들이 무리를 지어 땅에 내려와서 여기저기 머뭇거리는 상황을 설명한 것이다. 궁궐처럼 넓은 곳에 많은 사람들이 모여서 웅성거리는 게 마치 백두산의 웅장함과도 같더라는 것이다. 이 문장에서 인용하는 宮闕(궁궐)이나, 백두산 같이 雄壯(웅장)하다는 등의 형용사적修飾語(수식어) 등은 한문 창제자 또는 飜譯(번역)하는 사람이 자신의 주관적인 생각을 譯註(역주)로 설명해놓은 것으로 본다.

다만, 여기서 하나 참고할 것은 이들이 모여 있는 상황이 웅장하여 마치 하얀 산과도 같았다는 상황설명에 비추어 흰옷을 입었을 것으로 짐작되는 이유로서 白頭山(백두산)으로 비유하지 않았을까 생각된다.

▎▍ Govern(거번): 정권, {居弗(거불)=Govern(거번)}

桓雄(환웅)이 땅에 내려와 인간을 통치한 시대를 3단계로 나누어 설명하고 있다.

桓雄一代(환웅 1대)
桓雄二代(환웅 2대)
檀君時代(단군시대)

각, 시대에 따라 통치했던 환웅들의 이름은 다음과 같다.

제1대 桓雄(환웅)은 居弗桓(거불환)

{Govern(거번)=桓(환), 政權(정권)}

제2대 桓雄(환웅)은 居弗理(거불리)

{Govern(거번)=理(리), 政權(정권)}

제18대桓雄(환웅)은 居弗檀(거불단)

{Govern(거번)=檀(단), 政權(정권)}

　어느 학자는 居弗(거불)을 가리켜 1대에서 18대까지 같은 이름을 쓴 것이 신기하다며 당시 桓雄(환웅)의 자손들이 틀림없다고 해석하는 분도 있다. 하지만 위에서 해석한 것처럼 居弗(거불)은 Govern(거번)으로서 이름이 아니라 政權(정권)을 말하는 것이다. 오늘날 대한민국에서 이씨 정권, 박씨 정권, 김씨 정권, 이라고 부르는 이치와 같은 것일 뿐, 政權(정권)이 이름이 아니듯 그냥 환웅정권, 단군정권을 의미한다. 조금만 깊이 생각해 본다면 어찌 1대부터 18대까지의 자손들이 할아버지 이름을 대물려서 사용하겠는가? 해석이 안 되는 역사의 Key Word(키워드)에 매달려 고뇌하는 심정적 고충은 이해하지만 우리 민족이 변방의 떠돌이 難民(난민) 수준으로만 생각하지 말고 세계역사의 主役(주역)이었을지도 모른다는 의문을 가진다면 좀 더 쉽게 풀릴 수도 있을 것이다.

　어떤 학자들은 위에 桓雄(환웅)이란 單語(단어)를 해석하기 위해 한국어는 물론 영어, 산스크리트어 또는 그리스어, 몽골어, 범어 등을 연구하고도 아직은 정확한 해독을 하지 못하고 있는 것 같다. 그것은 桓雄(환웅)들이 영어를 사용했으리란 일말의 가능성도 가지지 못하기 때문이다. 하지만 분명 고대인들이 사용했던 언어는 오늘날 영어와 같은 의미를 가지는 말을 사용했다. 물론 알파벳을 사용한 것은 아니며 문법도 다르지만 단어만은 오늘날의 영어로 변한 口語(구어)로 사용했던 것으로 짐작된다. 하지만 우리말이 어떻게 하여 알파벳 영어로 변형된 것인지는 앞으로 더 연구해봐야 할 숙제로 남겨 둔다.

ⅠⅠ God of Better Earth(갇 오브 베더 어스): 신성한 땅

당시 언어로 '갇베더수(또는 가베더수)'라 발음했을 수도 있어 神檀樹(신단수)로 번역한 것으로 본다.

그 시대에 3천 명의 사람들이 하늘에서 내려왔다고 했으며 그들을 聖父(성부)라고 했다면 당연히 그들이 거처하던 곳은 신의 땅이 되는 것이다. 그래서 당시의 언어로 "갇베더수" 또는 이와 비슷한 발음으로 말했을 개연성이 있다. 그 시대로부터 약, 7천 년 후에 등장한 漢文(한문)으로 7천 년 전의 고대인들 말을 번역했던 일연스님이 三國遺事(삼국유사)를 記錄(기록)할 때 제대로 된 飜譯(번역)이 될 수 있었겠는가? 그것은 아주 어려운 일이다.

漢文(한문) 수준에서 생각하다보니 God(갇)을 아마도 귀신을 의미할 것이라고 類推(유추)했을 것으로 짐작된다. 영어를 모르던 일연스님으로서는 가히 碩學(석학)다운 판단이었다고 할 수 있다. 그래서 God(갇)을 神(귀신 신)자로 번역한 것이다. 다음으로 Better Earth(베더 어스) 즉, "베더수"가 무슨 뜻인지를 고민하다가 박달나무를 의미할 것이라고 판단하여 檀樹(박달나무 단, 나무 수)자를 인용하여 神檀樹(신단수)라고 했을 것이다. 당시대에 漢文(한문) 수준으로 이 정도까지 유추했다면 아주 잘 된 飜譯(번역)이라고 볼 수 있다. 하지만 훗날 歷史家(역사가)들은 신단수의 '단' 자가 檀(박달나무 단)이 아니고 壇(제사 단)자라고 써놓고 '단'은 박달나무를 의미하는 게 아니라 祭壇(제단)을 의미하고 樹(나무 수)자가 박달나무라고 해석하는 분들도 있다.

그 이유로써 신전 옆에는 대개 나무가 있었으므로 제단 주변에 박달나무가 서 있었을 것이라고 해석하는 것이다. 나무라면 솔나무 오동나무 등등 수도 없이 많은데 樹(나무 수) 字(자) 하나 달랑 써 놓고 박달나무일 것이라고 우기는 것이다. 이 얼마나 웃기는 해석인가? 아마도 환인이 박달나무 아래로 내려왔다는 설화가 마음에 걸려 그렇게 기록했을 것으로 본다. 하지만 필자의 연구로는 박달나무이던 제단 옆에 맥없이 서있는 이름 모를 멍청한 나무이던 간에 그것은 아무런 가치도 의미도 없는 것이다. 당시의 언어는 '壇樹(단수)'가 아니라 '베더수'로 발음했을 것이고 이는 Better Earth(베더 어스)로서 더 좋은 땅이다. 의미상 좋은 곳이란, 환인들이 거주하던 '마을'일수도 있다. 그들이 하늘에서 왔다고 했으므로 天上(천상)의 어느 별일수도 있어 하늘을 의미했을 지도 모른다. 결론은 '신단수'가 아니라 '간 오브 베더 어스'로서, 당시의 발음으로 '간베더수' 또는 '가베더수'를 귀신이 머무는 박달나무 밑으로 번역한 것으로 본다. 결론은 이 번역이 잘못된 것이며 '신이 사는 더 좋은 땅'이라고 해야 맞다.

▐ᶜ High Whole(하이 훌): 높은 공간 (하늘)

학자들 중 우리 조상들이 하늘을 An(안)이라고 했다는 분들도 있다. 더러는 환한 님이란 주장도 있다. 필자의 견해를 보탠다면 桓(환)자의 뜻 중에 위엄이란 의미도 있다. 그러므로 환하다는 의미를 합하여 '환한 님'이라고 불렀다면 어느 정도 설득력이 있을 것 같다. 하지만 우리가 고대로 올라가 당시의 사람들에게 직접 물어서 확인할 수 없는 한계로 추정밖에 할 수 없어 안타깝다. 결론적으로 우리 고대역사는 영어로만 해석이 가능하다. 그래서 영어에서 답을 찾는다. 그것이 바로 High Whole(하이 훌)인 것이다. 물론 영어에서는 Sky(스카이)를 하늘이라고 번역한다. 그러나 靈的(영적)인 해석은 그냥 God(간)으로도 하늘을 통칭하고 있다. 우리도 영적인 간과 名詞(명사)로서의 하늘이 다를 수도 있을 것이나. 결론은 '하이 훌' 즉, 높은 곳의 선체 또는 God hole or High Hole(간 홀 또는 하이 훌) 또는 God hall or High Hall(간 홀 또는 하이 훌)등 그 이상 적절한 하늘을 상징하는 단어들은 아직은 발견하지 못했다.

▐ᶜ Heaven(히븐): 하늘

우리나라에서는 하느님을 玉皇上帝(옥황상제) 즉, The Lord of Heaven(더 로드 오브 히븐)이라고 번역했다. 그게 언제부터인지는 모르겠지만, 학자들에 따라서 의견이 다르다. 처음부터 하느님을 섬긴 게 아니라, 태양을 섬겼으며 태양이 뜨면 온 세상이 밝다는 의미로 환한 님이라고 부르다가 대상이 하느님으로 바뀌었다는 주장도 있다. 그렇다면 환인이 하늘에서 내려와 나라를 세웠다는 단군신화에서 말하는 桓(환)한 님과 관련이 있는 것은 아닐까도 생각되기는 한다.

어쩌면 Sky(스카이)를 까마득하다는 말에서 온 것으로 본다면 앞에 붙은 '새' 의미는 강조어로서 새빨갛다, 새파랗다, 새까맣다, 새하얗다와 같이 "새 까마득히 높다."에서 변형되어 듣는 사람들이 스카이로 알아듣고 알파벳으로 옮겨 적으면서 변형된 영어는 아니었을까도 생각된다. 하지만 이 또한 어설퍼 단정 지어 말하기는 곤란하며 위에서 검토한대로 High Whole(하이 홀)이 하늘과 가장 근접하다고 여겨진다.

3. 培達民族(배달민족)

　'배달'의 뜻을 풀어보면 培(북돋을 배), 達(통할 달) 즉, "북돋 워 통한다"는 말이다. 그런데 이 말뜻만 가지고, 민족의 가치를 충분하게 자랑할 수도 없거니와 적어도 한 종족을 찬양하고 높 여 내세움에 있어 과연 그 정도로 만족할 설명일까를 생각하게 한다. 그러면 이를 영어로 바꿔보자.

▮▮ Better Nation(베더 내션): 배달민족

　더 좋은 민족, 바로 그것이다. 이제까지 어떤 민족보다도 더 우수하고 좋은 민족, 적어도 한 국가를 세우는 사람들로서 그들 특징을 나타내자면 이 정도는 되어야 자랑스레 내세울게 아닌 가, 그들은 오늘날 영어에 섞여있는 단어들을 사용하던 사람들 이고 우리는 '베더 내션'이라고 선언했을 것이다.

▮▮ Better National(베더 내셔널): 배달나라

　이를 한자로 번역하면서 '배달나라'로 옮겨놓은 것으로 본다.

신시(배달국): 神(귀신 신), 市(저자 시)

　환인이 하늘로부터 내려와 최초로 신단수 아래 자리를 잡았

다는 것이다. 따라서 그것이 나라형태의 도읍을 정한 곳이며 이를 '神市(신시)'라고 불렀다는 것이다. 즉, 환인(하느님)이 땅에 내려와 나라를 세운 것을 두고 새로운 저잣거리를 열었다 할 것인가, 과연 9천여 년 전에도 저잣거리가 존재하기는 했었을까? 분명 漢字(한자)로 잘못 번역한 것이다.

◀▮ Since better national(신스 베더 내셔널): 신시배달국

이를 영어로 바꾸면 즉, 'Father Union(환웅) Since Better National(환웅 이래 배달나라)'의 뜻으로 봐야 한다.

◀▮ 立都阿斯達(입도아사달): 아사달에 도읍을 정하다

立(세울 립), 都(도읍 도), 阿(언덕 아), 斯(이 사), 達(통할 달).

이를 해석하면 산비탈에 도읍을 정했다는 것이다. 이를 두고 학계에서는 '아사달'이 평양근처 어느 넓은 땅의 지명 또는 요하지역 어딘가의 땅에 도읍을 정했을 것이라고 추정한다. 하지만 꼼꼼히 살펴보면 어느 지명을 의미하는 漢字(한자)라 할 수는 없다. 그저 언덕에 이사했다는 뜻이다. 즉, 阿(언덕 아), 斯(이 사)(則(즉)) 達(통할 달) 이런 글자를 특정지명으로 보기는 어렵다. 또한, 적어도 하늘에서 내려 왔다는 사람들이 국가를 여는데 어느 언덕에 터를 잡았다고 기록한다는 것은 상식에 맞지 않다. 따라서 이 또한 영어로 해석해야 제대로 답이 나온다.

◀▮ Earth(어스): 땅, 지상, 지구, 아사달

즉, 환인이 하늘에서 내려왔다면 당연히 땅에 도읍을 정해야

하는 것이다. 그래서 땅이라고 했어야하며 당시에 아리안 족은 오늘날 영어권에 섞여있는 단어들을 사용했을 것이므로 땅을 Earth(어스)라고 했을 것이다. 위에서 언급한 대로 당시에도 여러 민족이 혼재하여 살았을 것이기 때문에 땅을 '달, 탄, 땅' 등이라고 불렀다는 것은 오늘날 학계에서도 공통된 의견이다. 때문에 그것을 통합하여 외우느라 "어스는 달"이라 했을 것이다. 그리고 이를 한문으로 옮겨 적을 때 '어스달'을 '아사달'로 잘못 번역한 것으로 본다.

▮ Since better national(신스 베더 내셔날): 입도 earth(어스)달

『삼국유사』의 표기를 옮기면 神市倍達國立都阿斯達(신시배달국 입도아사달)이 되고 영어로 바꾸면 '환웅' Since Better National Establish on earth((환웅)신스 베더 내셔날 온 어스(달 또는 땅))로서 "환웅 이래 배달나라가 땅에 도읍을 정하다."가 되는 것이다.

문제는 우리 조상 중 사대주의자가, 기득권 세력이었던 이유도 있었지만, 시대적 상황에서 漢文(한문)을 전면적으로 받아들여야 했던 탓으로 우리 고유문화를 添削(첨삭) 훼손당해, 고대어가 상당 부분 사라졌다. 아무리 그렇더라도 정확한 고대인들 말을 찾아내기만 한다면 어떤 형태로든 영어와 관계될 것으로 여겨진다. 그 이유가 영어권에서 우리 언어를 많이 차용해 쓰고 있다는 사실이다. 살펴볼 때 우리는 동쪽 끝에 보잘 것 없는 약소민족으로 근근하게 살아남은 사람들이 아니라, 유럽 깊숙이 들어갔다. 아프리카, 미국대륙까지도 우리 문화의 뿌리를 내리고 있었다는 사실에 주목할 필요가 있다.

오늘날 우리 젊은이들이 점차 영어를 가져다 사용하고 있는 것, 또한 옛 조상들로부터 서구로 흘러갔던 언어 역사가 되돌아오는 현상으로서 언어문화의 순환 역류로 인식하여 우리 고대어와 관계를 본격적으로 연구하여 우리말이 영어권으로 녹아있는 원인을 밝혀야 한다. 그래서 우리 민족이 얼마나 강인했는지와 영어권에 언어문화를 전파한 역사의 실체가 무엇이었는지를 찾아야 한다. 그 결과에 의해 인류 문화사에 주역이었다는 긍지를 가진다면 세계무대를 움직이는 큰 몫을 후손인 대한민국 젊은이들이 감당해야 할 당위성이 있다는 사실을 전해주고 싶은 것이다.

4. 부여

|| Bear(베어): 곰, 부여(夫餘)

우리 조상이 세운 나라가 배달나라에 이어 부여다.

그런데 부여가 무슨 뜻일까? 夫(사내 부) 餘(남을 여) 字(자)의 뜻을 풀어보면 사내가 넘쳐나는 나라라는 의미가 된다. 한 나라를 세우는데 있어 그 국가 명칭을 사내가 많은 나라라고 했을까? 뭔가 이상하다. 그럼 구전되는 우리나라 단군설화를 인용해보자. 곰이 마늘을 먹고 사람이 되었다고 한다. 그리고 요하문명권에서는 곰 여신상도 출토되었다. 이는 두말할 것 없이 모든 곰이 신은 아니다. 오직 여자 곰 하나가 마늘을 먹고 사람이 되어 단군 왕자를 낳았다는 것을 의미한다. 따라서 하나의 곰 여신을 모든 사내들이 받들어 모신다는 뜻이다. 그렇다고 실제로 곰이 사람이 될 수야 없을 테지만 곰 여신을 믿어야하는 이유가 그렇다는 것이다. 이는 그 시대 종족들에게 통치이념을 따르게 하려는 신앙을 그렇게 강조했을 뿐이다. 이를 해석하는 우리 역사학계 의견들은 다르다. 그 이유는 완전치 못한 漢文(한문)으로 옮겨 적은 중국 문헌 또는 『삼국유사』 등을 인용하고 그 神話(신화)가 사실이라고 믿거나 또는 부정하는데 따라 의견이 분분하여 진실을 가리기 어렵다.

관련하여 우리나라 안에도 부여계 후손들 유적지가 있다. 충청남도 부여군이 그곳으로서 이곳은 백제 도읍지이기도 하다. 그렇다면 백제를 세운 사람들 또한 곰을 토템으로 모셨던 민족일 가능성이 크다. 그 증거로서 사비성에 있던 百濟宮(백제궁)이 熊津(웅진), 지금의 공주로 이전하면서 사비는 조상들 유래에 따라 Bear(베어)가 부여로 바뀌어 오늘에 이르렀다. 따라서 웅진은 熊(곰 웅) 자에 津(나루 진) 자로서 '곰나루'이기 때문에 부여가 아니라 '베어'라는 확신을 가진다. 당시에 '베어'라는 지명을 한문으로 옮겨 적으면서 부여라고 잘못 번역했던 것이다. 사실! 곰나루란 지명은 우리나라 전역에 걸쳐 여러 곳에 있으며 그런 곳은 대개가 곰을 믿었던 우리 조상들이 살았던 데서 유래한다고 볼 수 있다.

부여의 옛 지명은 소부리 혹은 사비였으나, 백제가 熊津(웅진) 지금의 '공주'에 도읍지를 옮기면서 조상의 부족명칭에 따라 南夫餘(남부여)라 칭하게 되어 부여라는 지명이 유래되었다 성왕16년{538년}부터 나당연합군에 의해 멸망하는 의자왕20년{660년}까지 6대 123년간 백제문화를 찬란하게 빛내던 고도로 유명하다. 부여읍에 동쪽은 산으로 이루어졌으며 남서쪽은 금강과 평야지대로 이루어진 지역이다. 부여는 백제의 수도였으며 많은 문화재와 유적지를 남겼다. 대표적인 것으로 부소산성·낙화암·고란사 능산리 고분군·궁남지·자온대·정림사지 오층석탑·무량사·성흥산성 등이 있으며 유물 유적이 산재해 있는 중요한 문화 유적지이다.
- 충청남도 부여군의 유래 설명자료 인용

기존 학계의 부여국에 대한 자료는 여러 설이 있으나, 대략 기원전 200여 년 전부터 494년경까지 북만주 지역에 위치하던 예맥족 국가들을 포함하여 北夫餘(북부여)라 했다는 것이다. 본래 맥족은 남·북으로 갈라져 싸우다가 남부여가 선비족과 후한족을 끌어들여 북부여를 공격하여 민족분열로 패망했다. 따라서 그 맥족 잔여세력들이 남하하여 우리나라에 도읍을 정한 곳이 바로 충청남도 사비(부여군)이고 그곳에 살면서 스스로를 南夫餘(남부여)라고 칭했을 것으로 여겨진다. 남부여 사람들은 Bear(베어) 족이 틀림없다. 종합해 볼 때 그들의 나라이름인 베어(Bear)를 한문으로 부여라고 잘못 번역한 것이며 이들이 결국은 단군신화에 나오는 곰이 마늘을 먹고 사람이 되었다는 바로 그 熊(웅)족으로 볼 수 있다.

5. 고구려

▮▮ Koguryo(고구려, 高句麗): 해모수의 아들 주몽이 세운 나라

주몽은 해모수의 아들이라고 한다. 해모수 해보루와 같은 이름은 좀 이국적인 것 같다. 왕건이라든가, 이성계 같은 이름과는 다르게 느껴진다는 의미다. 주몽은 성씨도 아버지 성인 해씨가 아니라, 고(高)씨로 스스로 바꾸고 나라를 세워 고구려라 했다는 것이다. 그렇다면 고는 성씨에서 따온 말이고 나라 이름은 구려(句麗)가 되는 것이다. 더욱이 자신의 세력들을 데려와서 졸본을 점령한 것이 아니라, 졸본의 소서노라는 공주(또는 권력가의 딸인 과부)와 결혼하여 왕위를 계승받고 서서히 고구려를 일으켰다는 것이다.

또 다른 역사학자의 주장에 의하면 고구려를 무구리(畝久理)로 불렀다는 학설도 있다. 그럼 무구리를 한자 뜻으로 풀어보자. 畝(밭이랑 무), 久(오랠 구), 理(다스릴 리), 오랫동안 밭이랑을 다스리며 살았다는 뜻이다. 이를 바꿔 말하면 원주민으로 볼 수 있다. 대체로 역사학자들이 주장하는 학설들을 종합해보면 학자 의견에 따라 신빙성 있는 논리도 있지만 다른 학설을 대입하면 엉뚱한 주장이 나오기도 한다. 결론적으로 고구려의 국가명은 오늘날 영어에 녹아있는 언어들을 사용하던 사람들 생각에 의해 발췌한 뜻이 아니라, 다른 민족 언어를 차용했거나, 현토군의 고구려 현이라는 토속적인 지명을 국가 이름으로 사용했을 것으로도 생각된다.

고구려사를 연구한 분들 의견에 따르면 기원전 100년경부터 668년까지 존속했던 고대왕국으로서 국호는 구려(句麗)라고 한다. 고구려에서 고(高)는 성씨라고 할 때 句(글귀 구)자는 글귀를 의미한다. 다른 말로 바꾸면 문장이 된다. 麗(빛날 려)는 빛난다는 뜻으로서 종합해보면 '문장이 빛나는 나라'가 됨으로 한문을 본격적으로 사용하여 문학이 화려하게 발전했다는 뜻으로서 문화가 융성했던 나라라고 볼 수 있다.

문학이 발전한 나라라는 국가명이 무색하게도 고구려에 관한 문헌이 남아있지 않는 오늘날에 그 실상을 정확히 알기는 어렵다. 하지만 고구려인들 속엔 맥족(貊族)도 있고 예맥족(濊貊族)도 있었다. 맥족은 고리족이라고도 불렸으며 이들은 밀짚과 보리짚을 이용하여 살림살이에 필요한 가재도구들을 만들었다. 그 제품들은 1970년대까지만 해도 우리나라 농촌에 가면 짚을 이용하여 만든 여러 형태의 그릇이 있었다. 그 어원은 맥족과 고리족이 처음으로 만들어 사용하던 물건들로서 貊(맥)고리(메꾸리), 貊(맥)고모자(맥고모자), 맥돌(맷돌), 맥방석(맷방석) 등이 그들 제품에서 유래한다. 후세로 내려오면서 그 뜻은 잊어진 채, 무심코 '맥고리, 맥고모자'로 변질되어 불러지고 있으나, 오늘날은 플라스틱 그릇에 밀려 자취를 감췄지만 아직도 역사박물관 같은데 가면 실물들이 전시되어 있다.

하지만 漢字(한자)로는 麥藁(맥고)모자 즉, 麥(보리 맥) 藁(짚고), 보리짚을 이용하여 만드는 모자라고 번역했다. 또한 영어에서도 Barely Or wheat Straw Hat(발리 오어 휏 스트라우 핫) 즉, 보리짚 또는 '밀짚모자'로 번역하고 있는 것이다.

또한 오늘날까지도 애용되고 있는 보리를 가리켜 맥곡(麥穀)이라고도 한다. 맥곡이라는 의미를 나타내는 글자로 麥(보리 맥)자를 쓰고 있지만 그것은 후세 사람들이 그렇게 번역한 것이고, 본래는 보리가 맥족이 경작하던 곡식을 의미하여 貊(맥)자에서 따온 말이다. 보리가 영어 Barely(발리)로 변형되었으며 맥족의 주식용 농사였을 것으로 짐작된다.

결론적으로 고구려 속엔 맥족과(예맥은 맥족의 분파로 여겨짐) 고리족 등 다양한 민족으로 혼합된 나라로서 貊族(맥족)의 곡식 또는 가재도구를 의미했으나, 한문이 보리 맥 자로 번역한 것으로 짐작된다. 貊族(맥족)은 오늘날까지도 한반도에 고스란히 섞여져 살아가고 있다. 그러므로 우리 모두는 넓은 의미에서 맥, 고리족이며 고구려 후예들이라고 할 수 있다.

6. 渤海(발해)

▌▎ Boil up(보일 업): 勃海國(발해국)

(Sea Boil Up: 시보일업, 시베리아 역시 발해를 의미하는 단어이며
우리 조상의 영토다.)

일제 강점기에 만주지역에서 희생된 무국적자들 3천여 명 중
에 거의가 발해의 유민들이었을 것으로 짐작된다.

발해란 무슨 뜻일까? 勃(우쩍 일어날 발), 海(바다 해), 바다
가 일어난다는 것은 도대체 어떤 의미일까? 물이 끓어오르듯
융성 번창한다는 의미일 것이다. 이를 한문으로 옮겨 적으면서
보일 업을 발해로 번역한 것으로 본다.

아마도 우리 고대인들 중 영어와 뜻이 같은 언어를 썼던 사
람들은 배달, 부여에 이어 발해를 끝으로 다른 종족으로 동화되
었거나, 어디론가 이주해 간 것으로 본다. 고구려가 망하자, 배
달민족끼리 다시 모여 발해를 건국하면서, 마치 해일에 바다가
끓어오르듯 번성하여 배달민족의 영광을 재현하자는 뜻으로
Boil up(보일 업) 즉, 勃海(발해)라는 이름으로 나라를 세운 것으
로 짐작된다. 이들은 발해가 망한 후에는 타민족에게 흡수되고
일부는 탈출하여 실크로드를 통해 유럽 또는 아프리카 등지로

피난, 이주해 간 것으로 여겨진다.

이미 고구려 시대부터 한문을 쓰기 시작했는데도 발해에 관한 기록이 없다는 것은 어쩌면 발해 사람이 사용한 언어가 순수한 우리 고대어로서 오늘날 영어에 흡수된 口語(구어)를 사용하고 한문을 받아들이지 않았을 가능성은 없을까도 짐작된다. 왜냐하면 그들 국가명칭이 영어발음과 비슷한 보일 업(勃海)이라는데 대하여 떠오르는 상상이다. 하지만 나라 잃은 민족이 그들의 기록을 수천 년 후까지 보존하기란 사실상 불가하리란 생각이다.

☯ 역사학계의 의견

勃海(발해)왕국

서기 668년 고구려가 망한 후에 고구려 유민들이 흩어졌다. 고구려의 신민들 일부는 신라로 귀화하고 唐(당)나라에는 무려 2만 8천여 명이 강제 이동 당했다는 것이다.

당나라로 끌려간 고구려 유민들은 대개가 지도급 인사들로서 겉으로는 당나라에 충성하는 척 했지만 속내로는 언제든 기회가 된다면 국가를 재건할 의지와 용맹성을 가진 사람들로서 뜻을 같이하는 말갈계, 거란족, 맥족 등이 기회를 엿보고 있었다. 그러던 중 당나라에 끌려간 28년여 후인 서기 696년에 거란족 李盡忠(이진충)이 반란을 일으켰다. 하지만 1년 만에 진압되기는 했으나, 당시의 통치자이던 則天武后(측천무후)의 당나라는 돌궐의 힘을 빌어서 반란을 겨우 진압한 상태라서 후유증이 심각했다.

그렇게 쇠약해진 당나라의 혼란기를 틈타 고구려 출신 대조영은 말갈세력과 제휴하는 한편 고구려 유민들을 규합하여 당나라에 반기를 들었다. 이에 분노한 당나라는 李楷固(이해고)를 앞세워 공격해 왔으나, 대조영은 탁월한 작전으로 당나라 진압 군대를 天門嶺(천문령) 전투에서 물리치고, 당나라 군사력이 미치지 못하는 남만주 지역으로 벗어나 길림성 東牟山(동모산) 근처에 있는 六頂山(육정산)에 정착하고 방어기지의 성을 쌓았다. 그리하여 새로운 나라인 이른바 渤海(발해, Boil up)왕국을 선포했던 것이다.

이와 관련하여 中國史書(중국사서)에는 震國(진국)을 새로 정비하여 渤海君(발해군)이란 임금을 봉했다고 기록하여 마치 발해가 중국의 제후국인 것처럼 역사를 조작한 흔적이 있다. 상식적으로 당나라에 반기를 들어 토벌군을 제압하고 새로운 터전에 성을 쌓고 나라를 세운 사람들에게 저들이 왕을 君(군)으로 봉했다는 것은 전혀 설득력도 없고, 사리에도 맞지 않는 기록이므로 이 또한 역사왜곡 조작의 한 실례로 볼 수밖에 없다.

우리에겐 역사의 맥이 끊겨 남의 나라 史記(사기)를 들춰가면서 퍼즐 맞추듯 우리 조상의 발자취를 연결해 나가야 하는 안타까운 현실이다. 그나마 역사를 공부한 학자라는 분들마저도 일본 식민 사관에 젖어 침략국의 가르침을 착실히 계승하는 논리로 우리의 과거사를 부정하거나, 축소 왜곡하고 있는 부분이 상당하다고 여겨진다.

7. 코리아와 아리랑

▮▮ Korea=고려: 코리아

우리 고대민족 중 영어에 영향을 끼쳤던 언어는 고구려 건국 이후 한문이 들어오면서 자취를 감췄다. 코리아는 영어가 아니라, 고려의 국가 명칭을 알파벳으로 받아 적은 것뿐이다. 따라서 고구려 이후 우리 조상들 언어가 한문으로 바뀌면서 변형 훼손 되었으며 우리 고대어가 영어에서 좀 다르게 발음되는 까닭은 고려를 'Korea(코리아)'로 발음하는 영어의 발음과 같다는 것을 이해한다면 우리 고대어가 영어로 변했다는 믿음을 가질 것이다.

▮▮ Aryan(아리안): 아리랑 민족

아리안의 뜻을 보면 대략 이렇게 나온다.

　(1) 인도 아리안 족
　(2) 古代(고대) 아리아 민족
　(3) 독일 나치스 정권하에서의 비 유대인계 백인들

위에 Summary(썸마리)는 틀린 견해가 아니다. 우리 민족은 인도는 물론 유럽을 넘어 전 세계로 진출했다. 그러나 불행하게도 배달민족이 수천 년간 아리랑을 노래하며 살아온 코리아의 한 종족이었다는 기록은 없다. 그만큼 국제적으로 우리 역사가 지워졌다는 사실을 입증해 주는 것이다. 그렇지만 우리 조상들은 실제로 아리랑 노래를 부르며 喜怒哀樂(희로애락)을 견디어 온 사실적 역사의 주인공이었다.

이와 관련하여 역사가들은 아리랑의 '아' 자에 음가는 양성모음으로서 하늘을 상징하여 밝고 빛난다는 뜻이고 '里(리)' 자는 넓은 땅 즉, 大地(대지)를 의미하여 오늘날까지도 주소를 쓸 때 '○○里'라고 표기하는 것이 그 실례라 하며 '랑' 자는 사람을 의미함으로 이를 합친 아리랑은 하늘과 땅 그리고 사람을 통합한 天地人(천지인)을 의미한다는 것이다.

이밖에도 많은 학설이 있는데 아리아인들은 아리랑이란 정든 님이 서둘러 떠난다는 뜻이 담겨 있다는 주장도 있다. 어쩌면 우리 배달민족이 수만 리 타향 Nomadically(노마드 콜리) 즉, 실크로드로 떠나갈 때 그 헤어짐을 애석해하며 이별을 슬퍼한 노래 가락은 아니었을까도 생각된다.

아리랑이 우리 민족의 노래인 것은 분명하며 노래의 Symbol(심벌)적 圖形(도형)이 전하는 三太極(삼태극: 아리랑 춤을 출 때 흔드는 청홍색 무늬의 긴 천) 문양은 아마도 글자가 없던 시대에 창제된 그림을 통해, 세상 사람들에게 아리랑에 의미를 전하려는 시도가 아니었을까 싶다. 따라서 우리 전통 언어와 다른 한문으로, 그 참뜻을 제대로 번역하지는 못했으리란 생각도 든다.

8. 한반도(Korea Peninsula) 인류 서식의 기원

한반도에 사람이 살기 시작한 것은 언제부터일까?

선사시대 무덤 군락이 많은 것으로 봐서, 우리나라에 사람이 살았던 역사는 대략 수만 년 또는 수십여 만 년 전후 구석기와 신석기 시대 유적들로 추정된다. 관련하여 약, 9천여 년 전에 환인이 나타나 배달나라를 세웠다는 시대로부터 수십만 년을 거슬러 올라가는 시기에도 이 땅에 인류가 살았다고 할 수 있다. 그들은 사람이 죽으면 시신을 아무데나 내다 버리는 원시부족이 아니라, 무덤 형식을 갖춰 극진하게 장례를 치러줬는데, 그 증거가 바로 선사유적인 고인돌이다. 아직은 국가 형태를 갖추지 못했지만 그에 준하는 부족집단 형태의 조직체를 이끌었던 지도자가 있었을 것이며 일정한 규율도 있는 사회 조직 안에서 살았다는 사실을 설명해 준다.

그들 삶에 문화가 나타나는 것으로부터 고대인의 생활상을 유추해보자, 경북 울산에 가면 반구대 암각화가 있다. 바윗돌에 사냥하는 그림을 새겨(암각)놓았는데 그 암각 시기를 측정해본 결과 대략 6천 년 전부터 시작하여 3천여 년 전까지 돌에 그림을 새겨오다가 중단되었다는 것이다. 왜, 그들은 홀연히 암각을 그만두었을까? 아마도 3천여 년 전쯤 어떤 재난으로 인하여 그곳에서의 삶이 중단될 사정이 생겼거나, 아니면 더 이상 그런 일을 해야 할 이유가 없어졌을 지도 모를 일이다.

또한 그림을 새겨야 했던 까닭은 무엇이었느냐가 의문이다. 이것을 연구한 학자들은 대략 두 가지로 추정한다. 하나는 그들이 사냥하던 고래나 사슴 등 먹거리를 더 잡게 해달라는 기원 뜻으로 동물들 생김새를 그려놓았다는 것이다. 그렇게 본다면 틀림없이 그곳에서 제사도 지냈을 것이다. 글이 없는 시대라서 잡고 싶은 동물을 그려놓아 자신들의 간절한 소망을 신께 보이며 축원했을 것으로 짐작된다. 물론 사냥감을 많이 잡고 싶은 이유는 잘 먹고 잘 살아남기 위한 욕망이라고 생각할 수 있다. 당시 고대인들 제사의식과 현대인들이 부자 되게 해달라며 告祀(고사)지내는 축원 욕망은 본질적인 면에서는 같을 것이다. 배고플 때 먹을 수 있을 만큼, 사냥감이 넉넉하다면 삶이 더 풍요로울 것이며 그리만 된다면 노래하고 춤추며 마음껏 사랑도 하여 더 많은 자손을 퍼트리면서, 그야말로 행복하게 살아갈 수 있는 것이다.

또 다른 학설로는 당시 사람들은 충분한 사냥감으로 아주 행복하게 살고 있기 때문에 먼 훗날의 자손들에게까지 사냥하는 법을 가르쳐주기 위해 어떤 동물들을 잡아야 하는지와 사냥하는 요령들을 전수하려는 목적으로 그림을 새겨놓았다는 주장이다. 오늘날 부모들이 자식교육에 골몰하는 이치와 같은 것이다.

그들 나름 후세 교육의 일환이었다는 주장이다. 이와 같은 두 가닥의 학설 중 어떤 목적이었든 간에 당시의 조직체계와 사회생활 문화가, 상당히 발달해 있었음을 엿볼 수 있다. 즉, 바위에 그림을 새기자면 우선 도구가 있어야 할 것이며 그것들을 다루는 기술도 있어야 한다. 그렇다고 그곳에 살았던 사람들 모두가 그림도 잘 그리고 바위에 무엇이던 잘 새기는 사람일 필요는 없다. 분야별로 나뉘어 사냥을 잘하는 사람도 있어야 하고 돌에 새기는 것이 필요했던 사상이 지배하는 사회라면 그런 기술을 가진 전문가도 있어야 했을 것이다. 따라서 사냥감을 나눌 때에는 돌에 그림을 새기던 사람에게도 공평하게 몫을 분배해야 한다. 그래야 그림을 새기는 사람은 아무 걱정 없이 맡은 일만 열심히 하면 되는 것이다. 그런 사회분배제도가 확립되었다면 무엇보다도 그와 같은 질서를 관리 유지시키는 조직체계를 이끌어갈 지도자가 있어야 한다.

이렇게 볼 때 그 지역에 살았던 사람들이 그곳에 정착하자마자, 바윗돌에 암각부터 했다고 생각하는 사람은 없을 것이다. 수천 년 또는 수십만 년 전부터 그 지역에 살아오면서 집단사회가 그렇게 발전한 것인지, 아니면 어디엔가에서 살아오면서 그러한 문화를 유지해 오다가 어떤 사정으로 그곳에 이주하여 6천 년 전 바로, 그 시기부터 암각을 시작했는지는 알 길이 없다.

그럼 우리나라에 또 다른 어떤 문화가 있었는지 궁금해진다. 전라도 지방에 가장 많은 고인돌 유적지가 있다. 특히 고창군에 고인돌 유적지가 군락을 이루고 있다. 전남 승주군의 선사인 유적지, 전남 장성의 선사유적지, 충청도 공주와 충북 제천, 단양 등지에서도 선사인들의 흔적이 많이 발견되지만 딱히 어떤 정신문화가 있었는지 유추해 볼 만한 구체적인 자료는 별로 없는 것 같다.

그런데 서울의 암사동에서 선사인 유적지가 발견되었다. 발견이라기보다는 1925년 이른바 乙丑(을축)년 대홍수로 인하여 한강 둑이 유실되면서 그곳에 유물층이 세상 밖으로 나뒹굴었던 것이다. 당시는 일제 치하였으므로 우리들은 구경이나 하는 처지였으며 일본 학자들이 주관하여 유물을 수습하고 그 결과 발표라는 형식을 빌려 몇 트럭 분량의 유물이 있었다고 얼버무렸으므로 어떤 유물이 얼마나 출토되었는지는 소상치 않다.

해방 후에도 몇 차례의 홍수 때마다 빗살무늬 토기 파편 등 선사시대 유물이 자주 나뒹군 채 방치되다가 1960년 서울장충고등학교 야구장을 만들겠다고 그곳을 파 헤집다가 선사유물들이 쏟아져 나와 공사를 중단했다. 그런데 1965년경에 또 한 차례 대홍수가 나서 선사인들의 주거유적지가 들어난 것이다. 이를 계기로 1966년부터 서울대학교 사범대학 조사단에 의해 본격적인 발굴이 시작되어 1967년에는 고려대·경희대·전남대·숭실대 등으로 구성된 연합 발굴 조사단이 꾸려지기도 했으며 1971년부터 1975년까지 중앙박물관이 주관하여 무려 네 차례의 발굴조사가 더 이루어졌다. 그 결과에 의해 1979년 선사유적지로 공식 명명하여 史蹟(사적) 제267호로 지정되었다.

따라서 중요 신석기 문화유적 지정에 따른 후속 조치로 그 일대의 보존과 학습장 확보를 목적으로 '선사유적공원' 조성 계획수립과 관련하여 서울대학박물관에서 재발굴을 실시하여 선사유적지로서의 주요한 특징들을 찾아냈다. 우선 이 유적지의 특성은 3단계의 문화층으로 나누어진다는 것이었다. 표토 바로 아래층은 백제초기 문화에 해당하는 토기 조각과 甕棺(옹관) 등이 발견되어 백제의 초창기 문화유적이고 중간층은 민무늬 토기를 비롯해 빗살무늬 토기와 청동 화살촉 등이 발굴되어 신석기 후기 문화와에 해당하는 청동기 문화층이라는 것이다. 그리고 더 깊이 파 내려가자, 빗살무늬 토기류와 움집터가 발견되어 종합적인 분석을 통해 얻은 결론은 신석기 문화유적이란 결론에 이르게 되었다. 따라서 출토된 주요 유물로는 돌도끼, 그물추, 갈판, 갈돌(밀돌), 돌화살촉, 긁개 등 신석기 유물을 대표할 만한 것들이 골고루 출토되었다.

　우리 한반도에는 약 150여개 신석기 유적지가 있는데 주거지가 확인된 곳은 대략 10여 군데에 불과하며 암사동 유적지에선 무려 25개 움집터와 불분명한 집터 3곳 등 대략 28개의 집터가 발견되었다. 특히 마을단위에 집단 주거지로 밝혀져 신석기 시대의 생활상을 연구하는데 아주 중요한 자료로 여겨진다. 주거지 형태로는 지하 1미터 정도의 땅을 파고 그 위에 나무를 비스듬히 세워 잡풀들로 비가림을 한 움집 형태로 꾸려져 둥근형과 삼각형에 가까운 모양 등 나름대로 외관을 다르게 지어 특성이 있는 주거공간을 만들었고 크기는 세로 6미터 가로 5미터 정도로 되어있으며 출입구는 짧은 계단식으로 만들어졌다.

집집마다 화덕자리 있는 것으로 봐서 음식을 조리해서 먹었을 것으로 판단되며 집의 중앙은 원형으로 처리되어 주거 겸 생활공간으로 사용했을 것으로 판단된다. 또한 집을 지은 坐向(좌향)의 특징으로는 모두 다 남향으로 태양을 받고 살아야 한다는 과학적인 삶의 공간을 꾸렸을 뿐 아니라, 땔감으로는 주로 나무를 이용한 것으로 짐작된다. 그 이유로는 발견되는 木炭(목탄)을 들 수 있으며 그것들을 방사성탄소연대측정법으로 분석한 결과 그들이 살았던 시기는 대략 기원전 5천년 전후로 밝혀졌다. 또한 도토리와 그물추 등을 미루어 볼 때 농사를 짓기보다는 산에서 나무열매를 따다 먹었으며 한강에서 물고기를 잡아먹고 살았을 가능성이 큰 것으로 여겨진다. 하지만 밀돌과 갈돌이 출토되는 것으로 본다면 농사를 경작했을 개연성도 배제할 수는 없다.

암사동 선사유적지에서 출토된 빗살무늬 토기는 그 형태에 따라 여러 모양이 있다. 팽이 같은 형태도 있고 화분 모양도 있다. 겉면에 새긴 무늬형태 또한 긁개로 그려서 새기는 형태인데 대개가 빗살, 생선뼈, 손톱, 문살무늬 또는 무지개 형태의 그림도 있다. 이 도기들을 굽는 온도는 대략 700도 정도에서 구워낸 것으로 판단되며 색깔은 약간 붉은 계통의 갈색에 가깝다. 요업 방법은 특별한 가마터가 없이 땅을 파고 장작불을 피워 구워내는 방식을 사용한 것으로 짐작된다는 것이다. 이 제품들은 조각을 붙여서 복원되어 원형에 가까운 모형들이 현지 박물관에 전시되어있다.

암사동 빗살무늬 토기

위에서 살펴본 바와 같이 약 6천 년 전, 선사인들 주거문화로 판명되었다. 이 또한 선사인들이 딱히 6천 년 전에 그곳에 와서 살다가 어느 날 갑자기 살림살이를 땅에 묻고 떠나간 게 아니라, 수천 년 또는 그보다 아주 오랜 옛날부터 그곳에 살다가 대홍수가 나서 그들의 주거지가 순식간에 토사로 묻혔다는 가정이 성립된다. 뿐만 아니라 그 주거지가 몇 개의 층으로 나누어져 있는 것은 몇 번의 대홍수로 인하여 고대인들 주거지가 묻혔다고 볼 수 있다. 수십 년 전쯤엔 남한강 상류로 올라갈수록 고대 유적들이 나뒹굴었지만, 당시엔 고대유적에 대한 중요한 개념이 없었기 때문에 도굴꾼들이 채집해 가기도 하고 이웃사람들이 파괴하여 밭을 일구기도 하는 등, 방치하여 자연훼손으로 거의 사라졌다. 지금도 강동구 일대에 어쩌다가 개발이 안된 곳을 보면 고대의 무덤군이 더러 있다. 암사동 유적지도 그나마 일본이 1차 발굴을 실시한 선사유적지란 기록이 있고 장충고등학교의 야구장 건설시도를 계기로 학계에 관심을 받았으니 세상에 들어나게 된 것이지 그렇지 않았다면 그냥 사라졌을 역사 유적일 수도 있다.

필자도 고향에서 아주 많은 빗살무늬 토기들 조각들을 주어서 소꿉장난을 하면서 살았을 뿐 아니라, 고인돌 위에서 장난도 하고 때로는 그 밑에 시체가 안치되었던 자리에 기어들어가 누어서 잠도 자면서 어린 시절을 보낸 바 있다. 왜냐하면 고인돌 밑에는 한 여름 땡볕에도 아주 시원했던 기억이 난다. 하지만 어린 시절엔 그곳이 무덤이라는 사실은 전혀 몰랐었다. 아니, 고인돌이란 게 있는지 조차도 몰랐다. 그 넓적한 돌판 위엔 작은 구멍이 줄지어 파인 것도 있었는데 그곳에 흙을 채우며 놀았던 기억이 생생하다. 그 구멍처럼 파인 홈들이 북두칠성을 그려놓았다는 사실은 훗날 문헌들을 보고서야 알게 되었으나, 안타깝게도 현재는 그것들이 거의 훼손되었다. 그 이유는 우리가 살던 곳 가까이에 있는 바다를 막으면서 그 돌들을 싹쓸이 해갔을 뿐 아니라, 고인돌의 넓고 긴 형태를 석공들이 길게 재단하여 많은 사람들이 목도(돌을 밧줄로 묶어 여러 사람들이 양쪽으로 늘어서서 어깨로 메어 나르는 고대의 중량물 운반방식, 대게 2인, 4인, 또는 10인)하여 주변의 큰길에 돌다리를 만들었다. 또한 당시엔 행정력으로 주민들을 동원하여 잔돌을 주어다가, 비만 오면 진흙탕이 되는 신작로에 깔았다. 그럴 때마다 수많은 사람들이 지게를 지고 집주변 또는 밭둑, 야산 등에 쓰레기더미처럼 쌓여있는 빗살무늬 토기 조각들과 주먹돌을 주어다가 진흙탕 길에 깔았다. 그것은 필자가 어린 시절 직접 보면서 자라온 일부분이고, 아마도 전국 어디에서든 그런 일들은 비일비재했을 것이다.

하여튼 암사동에 거주하던 선사인들은 대홍수로 인해 한강의 범람으로 물에 빠져 죽었거나, 대피했을 것이다. 때문에 그들의 살림살이는 고스란히 그 땅에 묻혔던 것이다. 그야말로 천지개벽에 해당하는 크나큰 재앙이었을 것이다. 이를 정리하면 6천년 전에 천지개벽에 준하는 대홍수로 매몰되었던 유적이 6천년 후인 1970년대에 또다시 대홍수로 인하여 오랜 세월동안 덮여져 있넌 토사가 떠내려가고 그들의 유적이 세상에 드러난 것이다. 그것도 발굴결과 3단계로 유적들이 덮여져 있었다면 적어도 세 번의 천재지변이 있어왔으며 그 때문에 신석기인들이 살았던 흔적까지 고스란히 찾아낸 것이다. 그들 유적을 통해 이미 6천 년 전에 인류가 집단을 이루어 거주했다는 사실이 밝혀졌으므로 그곳에도 삶의 질서가 있어야 했을 것이다. 그런 사회 집단을 유지하기 위해선 반드시 통치기능이 존재했을 것이란 추정으로 남쪽의 경상북도 울산시 반구대 암각화와 중부지방인 서울의 암사동 유적지가 우리 민족의 고대 사회문화 일부를 후세에게 보여주고 있다 할 것이다.

아마도 강변남로를 달려 미사리 방향으로 왕래하다보면 강변쪽에 암사동 유적지가 있으며 한강 쪽에 6천 년 전 선사인들

유적지를 알리는 커다란 입간판이 서있는 것을 볼 수 있을 것이다. 위에서 살펴 본 바와 같이 6천 년 전, 조상들 혼적을 찾았다면 더 거슬러 올라가는 문화도 분명 있었을 것이다. 마침내 수 만년 또는 수십만 년 전, 과거로 거슬러 올라가는 경기도 연천군 전곡리 유적지가 있었다. 그곳의 발견은 1978년 4월경에 전곡리에 우연히 놀러 왔던 미국인 병사 Greg Bowen(그렉 보웬)이라는 청년에 의해서 처음 세상에 들어나게 되었다. 그 청년은 미국 애리조나 대학 고고학과 재학 중 학비를 벌기위해 미군에 지원했다. 미국군대 중에서도, 돈을 많이 주는 곳이 북괴군과 대치해있는 한국의 전방부대라는 것을 알게 되었다는 것이다. 그곳은 위험수당을 더 받을 수 있다는 사실을 알고 전방 부대로 지원하여 동두천에 주둔하는 미군부대로 배속 받았다는 것이다.

그는 다행히 좋은 보직인 헬리콥터 비행중대 일기 예보관으로 근무하게 되었으며 하루에 한두 번 뜨거나 또는 한 번도 날지 않는 날이 허다한 헬리콥터 특성상 남는 시간에 공부하다가 밤이 되면 외로움을 느낄 때도 있어 가끔 미군 클럽에 가서 술을 마셨다. 그러던 중 부대클럽에서 노래 부르는 한국여가수가 어찌나 예뻐 보였던지, 그녀에게 반해 온갖 정성을 쏟아 부었다. 그 출연가수 마음을 얻기 위해 부단한 노력 끝에 어느 날 그녀를 설득하는데 성공하여 전곡리 유원지에 놀러갔던 것이다. 하지만 그녀는 썰렁한 강가에 서성이는 게 마음에 내키지 않았는지 짜증을 내며 돌아가자고 성화를 부렸다. 간절한 미군 병사 계획과 상관없이 빨리 돌아가자고 보채는 여가수를 붙들어 보려고 그녀에게 커피를 끓여주겠다며 불을 지필 아궁이를 만들 돌멩이를 찾아다니다가 어느 돌덩이 앞에서 온몸이 굳어지는 듯 멈춰 섰다.

그것은 다름이 아니라, 자신이 대학에서 배웠던 아슐리안 형 주먹돌 도끼가 발밑에 구르고 있었던 것이다. 그렉 보웬은 커피를 끓여주겠다던 생각은 까맣게 잊은 채 같은 형태의 돌을 더 찾아 헤매고 다녔다. 그 까닭을 잘 모르는 여가수도 미군병사의 태도가 너무 진지하여 덩달아 그렉 보웬 손에 들려진 것과 같아 보이는 돌을 찾아 다녔다. 그렇게 두 사람이 여러 시간을 헤맨 끝에 무려 3개의 돌을 찾아냈으며 그 인연으로 훗날 두 사람은 결혼했고 대한민국 전곡리 역사유적박물관 개관식에 부부가 되어 나란히 초청되기도 했다.

그렇게 우연히 주먹돌 도끼를 찾은 그렉 보웬은 서둘러 부대로 돌아와 탁자위에 흰 종이를 깔고 주먹돌 도끼 형체가 잘 들어나도록 사진을 여러 장 찍어, 자신이 다녔던 애리조나 대학에 보냈다. 그 사진을 받아본 대학시절 담임 교수는 자신이 직접 현지를 조사해보고 감정해야 하지만 Korea(코리아)는 너무 멀리 떨어져 방문이 불가하다며 국제 고고학회에 등록된 서울대학교 김원룡 교수를 소개해주었다. 편지를 받은 보웬은 서울대학교를 찾아갔으나, 마침 김 교수는 경기도 여주군 유물 발굴 현장에 나가고 없어 직원들에게 현장을 물어가며 어렵게 찾아가 김 교수를 만났다. 따라서 미군병사로부터 자료에 대한 설명을 들은 김 교수 일행은 서둘러 현장으로 달려가 사실을 확인했다. 김원룡 교수는 그 다음 곧장 청와대로 박정희 대통령을 찾아가 경기도 연천군 전곡리 일대가 구석기 유적지 일수 있다는 사실을 설명하며 발굴이 필요함을 강조했다.

그 이유로는 아슐리안 형 주먹돌 도끼는 그 사용연대가 30만 년 전후로 거슬러 올라가는 유물이고 아프리카에서 최초로 발견되었으며 그를 근거로 인류가 아프리카에서 발원하여 세계로 퍼져나갔다는 학설의 주체라는 내용을 소상히 보고했다. 마침 북한의 검은 머루(검은 머리에서 변형으로 추정) 동굴에서 80만 년 전의 인류 유골들을 발견했다며 북한이 우리 민족 棲息(서식)역사 발원지일수도 있다는 투로 대대적인 선전을 해대서 박정희 대통령은 상당히 떨떠름해 하던 때라서 김원룡 교수에게 전곡리 일대를 발굴하는 것에 대하여 흔쾌히 지시했다. 그리고 사실상 박정희 개인소유나 마찬가지였던 영남대학교의 정영화 교수를 천거하여 그와 함께 발굴 팀을 꾸려서 해당 연천군 일부 유적을 본격 발굴하기에 이르렀던 것이다.

그 결과 이제껏 인류 발상은 아프리카에서 시작되어 동양으로 이동했으며 그 증거로서 아슐리안 형 주먹돌 도끼가 있다고 가르쳐 왔던 뫼비우스 학설에 정면으로 배치되는 결과가 나왔다. 분석결과 전곡리 유적지도 거의 같은 시기에 같은 형태의 아슐리안 형 주먹돌 도끼를 사용했음이 밝혀진 유물이란 것이다. 그렇지만 전곡리 유적지 유물 연대분석을 놓고 국내외 학자들 사이에 의견이 분분하여 수만 년에서 수십만 년 전 아슐리안 형 주먹돌 도끼라는 큰 틀은 밝혀졌지만 근접한 연대 측정에 있어 주장이 엇갈리고 있는 것도 사실이다. 어찌 되었건 우리 역사에 9천여 년 전에 하늘에서 환인이 내려왔다는 桓因降臨(환인강림) 설화가 있으며 그 논리는 어디에선가 이주해 온 민족들이 그들만의 우수성을 강조하기 위해 꾸며낸 픽션에 불과하고 우리 토속인류는 어쩌면 수십만 년 전부터 이 땅에 살고 있었다는 사실이다. 이를 뒷받침하는 것으로 북한지역 검은머루 동굴에서 발견된 인골을 분석해본 결과 약 80만여 년 전 사람의 것이라는 주장도 있고 남쪽 지역에서 인류 최초의 구석기인들이 사용했다는 아슐리안 형 주먹돌 도끼가 발견된 점 등을 종합해 볼 때 아마도 한반도가 인류의 발원지 일수도 있다는 가정도 해볼 수 있다.

위에서 살펴본 바와 같이 우리나라는 아주 오래전부터 고대 인류가 살았던 곳이다. 이들은 장차 세계 여러 나라로 진출하여 그들 언어로 소통했을 것이다. 자연스레 현지인들과 교류하는 과정에서 우리말은 그들이 머무르던 땅에 토착되었을 것이고 그 언어는 변형을 거치면서 훗날 영어단어로 녹아있다는 게 필자의 확신이며 결론이다.

◉ 고대 역사에 관한 자료인용

우리 선사시대란, 기록 문자가 없던 시대를 의미한다. 그래서 선사시대를 알아내는 방법으로 고고학, 지질학, 고생물학 등을 종합하여 발굴 되는 유물들로부터 시대 상황을 유추 해석하는 게 연구의 실체다. 그러기에 한반도의 고대사회 문화를 알기 위해서는 발굴되는 유물에 따라 한반도를 둘러싸고 있는 주변 역사도 함께 연구해야 한다. 그 범주는 러시아와 만주, 중국, 몽골, 시베리아 일대 유물을 비교 분석해서 연관성을 찾아내어 고대 조상의 줄거리를 찾는 작업이기도 하다.

☯ 선사시대의 돌도끼 등 유물

인류가 한반도에 나타나기 시작한 것은 대략 기원전 50만 년 또는 80만 년 전까지 거슬러 올라간다. 구석기는 도자기류가 생산되기 시작하는 기원전 8천 년 경에 끝난다는 것이다. 동위원소 측정에 의해 밝혀지는 한반도 고대인 출현은 기원전 4만 년경이라는 주장도 있으나, 충청남도 공주 석장리 유적에서 기원전 50만 년경 유물도 발굴 되었다. 그 유물들은 구석기 시대 특징인 양면을 떼어낸 석기와 손도끼 등 다양한 형태의 유물들이 발견된 바 있다.

구석기인들은 대개가 동굴에서 거주했으며 충청북도 제천군 점말 동굴과 충청북도 청주시 두루봉 동굴에서 발견된 화석들은 코뿔소, 갈색 곰, 하이에나, 사슴뿐만 아니라, 이미 멸종된 동물들 화석도 있다는 것이다. 더욱이 제천시 점말 동굴에서는 사냥 도구로 짐작되는 뼈로 만든 골각기도 있었으며 밤을 까먹은 흔적까지 나타나는 등 상당히 구체적인 생활 도구라 할 수 있는 유물들이 나타나기도 했다. 이들은 구석기시대 전기 르발루안 형 또는 아슐리안 형 특징을 가지는 석기들로서 규암 계통에 돌을 떼어내는 형태로 다듬어 물건을 자르거나, 찌르고 또는 사냥용으로 투척하는 기구까지 만들어진 것들이다.

◉ 전곡리 유적지 발굴

경기도 연천군 전곡리 유적지 발굴은 10여 차례나 진행되었고 출토된 유물만도 3천 점이 넘어간다. 석기는 주로 석영과 규암 등을 이용한 돌도끼 종류로서 양면 또는 한쪽만을 가공한 것들이 대부분인 것이다. 특징적인 것은 아슐리안 형 주먹도끼 Hand Axe(핸드 애크)뿐만 아니라, 박편 흔적이 쌓여 있어 마치 아프리카 Sangoan(상고안) 석기공작 유적터와 유사한 지형을 이루고 있다는 것이다.

주먹도끼 종류로는 가로날 도끼와 뾰족한 끝날 도끼 등 Pick (찍개)와 가공된 Chopper(찲퍼) 등 이른바 칼날 도끼로 무엇을 자를 때 사용하는 것으로서 4각 이상 여러 면으로 쓸 수 있는

다각형 도끼를 비롯하여 각종 도구들이 포함되어 있어 사냥감을 해체하든 음식을 조리하든 전혀 불편이 없을 정도로 용도에 맞는 석기들이 다량으로 발견된 것이다. 이 석기류들에 원재료들은 큰 바윗돌을 쪼개어 만든 것은 아니며 대개가 냇가를 구르던 돌을 주어다가 다듬는 방식으로 제작된 것들이기 때문에 규격화된 것은 아니어서 모양은 다르지만 사용하는 용도는 불편이 없을 것으로 여겨지는 것들이다.

◑ 전곡리 유적과 관련된 문헌들

* 전곡리 김원룡외 문화재 연구소 1983년도
* 전곡리 1986년도 발굴 조사보고서 서울대학교 박물관
  1989년호
* 전곡리 발굴 중간보고서 정영화 교수 1984년도

이 외에도 많은 문헌들이 존재한다.

◑ 소로리 볍씨

소로리 볍씨는 1만 7천 년 전의 것으로서 야생이 아닌 농법 재배로 보이는 특징들이 있다는 것이다. 이 볍씨가 발견된 곳은 충북 청원군 옥산면 소로리 156-1 논 들녘 일대로서 현재는 오창 과학 산업단지 내에 있다. 당초에 발견된 계기는 1994년 과

학단지 조성을 위한 문화재 지표탐사 작업 중에 찾아내게 되었으며 이곳에서도 선사시대의 구석기 유물이 상당량 쏟아져 나왔다. 하지만 선사 유물은 이미 여러 곳에서 확인된바 있어 중요한 것은 아니지만 소로리 볍씨는 미국 애리조나 대학 등에서 분석결과 1만 7천 년 전의 것으로 판명되어 세계에서 가장 오래 된 씨앗이라는 가치가 있다.

1만 7천 년 전 우리 땅에서 발견된 볍씨를 불과 4백여 년 역사를 가진 미국의 대학에 그 생성연대를 감정 의뢰해야만 세계로부터 역사성을 인정받을 수 있고 또한 우리나라 사람들도 믿게 되리란 생각에서 굳이 미국을 찾아가 연대측정을 감정 받은 것으로 여겨진다. 그렇다면 우리 과학수준에 대하여 참으로 부끄럽게 생각된다. 또한 우리는 쌀 또는 벼라고 부르지만 영어는 모두다 Rice(라이스)라고 한다. 우리는 모든 식물을 재배하는 '씨'를 통틀어 씨앗이라고 하며 영어는 Seed(씨드)라고 말한다. 물론 볍씨만을 Seed(씨드)라고 하는 것은 아니다. 따라서 '씨드'도 우리말 씨앗에서 변형된 영어다.

이 발굴 결과로 유추해 본다면 우리 조상들은 1만 7천 년 전에 이미 벼농사를 지었다는 가정이 성립되는 놀라운 사실이다.

9. 춘하추동(春夏秋冬) 관련 연구

▎Ⅰ Season=씨즌: 시절, 계절

우리 부모들 세대는 좋은 시절이라든가, 나쁜 시절이라는 말을 써 왔다. 時代(시대)라는 뜻은 어떤 특정 時期(시기)를 의미한다. 반면에 時節(시절)은 정확히 사계절의 Season(시즌)을 뜻함으로 결론은 우리말 시절이라는 말이 영어의 시즌으로 바뀌었다고 믿는다.

그렇다면 시즌이란 말을 이웃 나라에서도 사용하고 있는지를 알아보기 위해 한문을 국어로 쓰고 있는 중국발음을 살펴볼 필요가 있다. 春夏秋冬(춘하추동)을 중국말로는 chon xia gio dong(춘샤구동)이라고 발음하며 영어 Spring, Summer, Autumn, winter(스프링, 썸머, 아덤, 윈터)와 전혀 다르다. 그럼 季節(계절) 즉, 시즌의 중국발음은 어떤 것인지를 알아본 결과 Jijie(지지에)라고 발음하기 때문에 시즌과는 비슷하지도 않고 오직 우리말 시절이란 발음이 영어 시즌에 가까워 이 또한 우리말의 시절이 시즌으로 변형되었음을 알 수 있다.

▐▌ Bloom(브룸): 봄, 꽃이 피다

봄은 꽃이 피고 새싹이 돋아나는 계절을 의미한다. 브룸(봄)이라는 단어는 Blossom(브라썸)과 함께 완벽하게 꽃이 滿開(만개)하는 시절인 봄을 의미한다.

▐▌ Sprout(스프라웉): 새싹이 트다, 새파랗다, 파릇파릇하다(봄의 상징임)

이 단어도 우리말 봄을 의미한다. 봄은 온 세상이 새파래지도록 모든 새싹들이 비집고 나온다. 또한 나뭇잎이 피고 들녘이 푸르러져 우리말 '새파랗다'에서 변형된 영어로 본다.

▐▌ Spring(스프링): 봄, 청춘, 활력, 용수철 등 무려 15가지 의미

스프링이라는 영어 단어는 봄을 대표하는 말이다. 하지만 살펴 본 것처럼 Bloom or Blossom(브룸 또는 브라썸)과 같이 리얼하게 봄을 묘사하지도 못하고 있으며 무려 15가지 의미 중에 봄 하나를 끼워 넣은데 불과하다. 따라서 봄은 우리말 '봄 또는 새파랗다'에서 Bloom or Sprout(브라썸 또는 스프릴)으로 변형된 영어로 보는 것이다.

▐▌ Simmer(씸머): 삶다, 푹 찌다 보글보글 끓이다

우리는 여름철 무더위를 의미하는 표현으로 푹푹 찐다든가 또는 삶는다고도 한다. 관련하여 씸머라는 단어는 불에 끓이는 형태를 나타내지만, 영어권의 여름을 의미하는 Summer(썸머)와 매우 흡사하다. 다른 점은 '씸머'에 있어 불로부터 뜨겁다는 뜻이지만, 엄밀히 따지면 우리들이 더운 날씨를 빗대어 푹푹 찐다

든가, 삶는다고 하는데, 그 의미도 태양으로 끓이거나, 삶는다는 뜻이 아니라, 마치 불에 끓이는 듯 덥다는 뜻으로 해석되기 때문에 우리말에 '삶는다'에서 변형된 영어로 짐작 된다.

여름은 어디서 온 단어일까, 봄을 상징하는 것은 Bloom(브룸) 즉, 꽃이 핀다는 뜻이다. 영어의 Spring(스프링) 또한 여러 가지 의미가 있지만 스프링처럼 튀어 나오는 기능을 비유하여 새싹이 나온다는 뜻으로 봄철이라는 상징적인 표현으로 삼는다. 그렇다면 봄에 새싹이 돋았으므로 여름에는 당연히 열매가 맺어야 한다. 따라서 여름은 '열매 등 씨앗이 열린다'에서 온 말이며 여러 열매 등이 주렁주렁 열린다는 우리말의 풋과일 Fruit(프룻)이 매달리는 계절인 열림, 열음이 '여름'으로 한글표준화법에 의해 변한 것으로 여겨진다.

▮▮ Gathering(게더링): 수확, 모임, 걷어 들임(가을걷이)

이 단어는 일반적으로 모은다는 뜻을 가진다. 봄에 꽃이 피었고 여름에 열매가 맺었다면 가을에는 겨울동안 먹을 양식을 거두어 들여야 하는 게 당연하다. 현대 사람들은 가을에 거두어 들임을 추수 또는 수확이라고 하지만 한문 이전의 고대어로는 '가을걷이'란 말을 쓴다. 이 말은 아직도 나이든 노년층 사람들이 사용하는 언어로서 가을엔 거두어들이는 계절임을 나타내는 단어. 영어에서는 가을을 Autumn or Fall(아덤 또는 폴)이라는 단어를 쓴다. 관련하여 Autumn(아덤)은 가을 수확이라는 뜻이지만 Fall(폴)은 무려 30여 가지 이상 뜻을 가지는 단어인데, 그 중에서 단 하나 '꽃잎이 떨어진다'는 뜻을 가지는 의미 때문에 가을을 상징하는 단어다. 따라서 결론은 우리말 가을걷이가 영어 Gathering(게더링)으로 변형되었다.

ⅠⅠ Winter(윈터): 겨울

사계절 중 영어로 가장 명쾌하게 설명한 것이 겨울 Winter(윈터)로 생각된다. 그 이유가 '윈터'란 단어 뜻이 '겨울, 동면, 한기를 느끼다' 등이기 때문이다. 하지만 우리말 겨울과 연관성을 아직은 찾지 못했다. 우리 부모님 세대는 겨울을 '즉 또는 즐기'라고도 발음했으며 옛날의 천자문 책에도 冬(겨울 동)자를 冬(즉 동)자로 표기했던 한글 번역본이 있었다. '즉'이든 겨울이든 간에 윈터와는 연결이 되지 않아, 일단 보류해 두기로 하고 계속 연구하여 우리 조상들의 정확한 겨울 명사를 찾아 분석해봐야 할 숙제다.

계절을 분류함에 있어 우리나라의 봄을 묘사하는 새파랗다. 꽃이 핀다는 표현을 Bloom or Sprout(브롬 또는 스프럽)으로 상징한다. 이는 아주 리얼하고, 자연 생태적인 표현이다. 또한 Fruit(프룻) 풋과일이 주렁주렁 매달리는 열림을 의미하는 계절인 여름이다. 이에 비해 영어에서 Summer(썸머)의 뜻으로는 '방목할 수 있는 계절'이 여름이라는 뜻의 전부이다. 오히려 Simmer(씸머)는 삶는다, 끓이다 뜻을 가지는 단어이기는 하지만 우리들이 느끼는 여름을 대표할 만한 더위를 실감나게 나타내고 있는 우리나라 여름의 상징적 표현이다. 가을 또한 Get or Gathering(겟 또는 게더링)등은 가을걷이의 대표적인 뜻인데, 반해 영어의 Autumn or Fall(아톰 오어 폴) 등은 복합적인 뜻을 가지는 단어로서 가을을 적절히 나타내지도 못하고 있다.

위에서 살펴 본 것처럼 영어든 우리나라 말이든 간에 사계절을 의미하는 용어 자체가 학문적이거나, 기후의 특성을 과학적으로 분류한 것이 아니라, 단순히 계절적 자연생태 현상을 보고 느끼는 대로 설명하는 단어로 구성되어 있다. 그럼에도 불구하고 영어의 계절 명사인 Spring(스프링)이 싹트다. 정도인데 비해 우리나라 언어로 봄을 설명하는 계절적 특성들이 좀 더 구체적이다. 예를 들어 봄을 상징하는 Broom(브룸)이나, Sprout(새파랗다)를 연상케 하여, 느끼고 보이는 대로 쉽고 분명하게 푸른 새싹이 트는 계절적 현상을 잘 나타내고 있다. 또한 푹푹 찌는 삼복더위를 떠 올리는 Simmer(씸머)의 '삶다'를 Summer(썸머)로 변형하여 사용되고 있는 것으로 본다면 정황상, 영어로 사계절 설명이 우리말에 기초하여 변형 되었다는 결론에 도달한다.

▮▮ Time(타임): 때, 時(때 시) (우리말 '때'에서 변형된 영어)

우리는 때를 시간이라고 한다. 그런데 항간에는 '시도 때도'라는 말을 쓰기도 한다. 왜 같은 뜻을 가지는 두 단어를 붙여서 말할 까? 이 또한 漢文(한문)이 들어오면서 우리말과 한문의 뜻이 같음을 함께 외운데서 비롯된 언어숙지 습관이다. 때가 Time(타임)으로 바뀌었다는 확신은 있지만 설명하기엔 좀 벅차다. 과연 우리 민족은 언제부터 '때'라는 시간개념을 가지고 언어로 표현해 왔을까? 처음부터 때라고 했는지 아니면 다른 용어를 써 오지는 않았을까를 떠올리게 한다.

그리 오래되지 않은 우리들 바로 위에 세대 사람들은 시간을 '탕'이라고도 한다. 예를 들어 한바탕 쉬었다든가, 놀았다고, 표현할 때 '탕'이란 말을 쓴다. 또는 허탕을 쳤다는 말도 한다. 이런 말들의 根柢(근저)엔 '때'(Time; 타임 또는 탕)를 의미한다. 따라서 한탕 또는 두어 탕 등의 우리말 '탕'이 타임으로 변형된 영어로 생각된다.

10. 영어로 변한 우리의 언어 연구

영어를 알기 위해선 먼저 영어의 종주국인 영국이 과연 어떤 나라인지부터 알아볼 필요가 있다.

The United Kingdom of Great Britain and Northern Ireland(더 유나이티드 킹돔 오브 그릴 브리태인 앤드 노스턴 아일랜드)라 고 발음하며 약자로는 U.K로 표기하기도 하는 나라로서 국가명 칭 한번 거창하게 길다.

왜 이렇게 긴 나라이름을 가지고 있을까? 결론부터 말한다면 혼합국가이기 때문이다. 영국은 잉글랜드, 스코틀랜드, 북아일 랜드, 웨일즈 등 4개국이 혼합되어 다양한 인종으로 구성된 좀 복잡한 나라다. 국가면적은 대략 2십4만 4천 평방킬로미터 정 도이고 대한민국 면적이 99,720평방킬로미터로 우리나라보다도 2.4배정도 더 큰 나라다. 인구는 6천만 가까이 되어 우리나라 인구가 5천만이라고 할 때 대략 1천만 명이 더 있는 셈이다.

1536년경 막강해진 잉글랜드를 중심으로 1707년에 웨일즈를 흡수했으며 그 다음은 스코틀랜드를 흡수했고 1801년에는 북아일랜드를 각각 통합하여 영국이란 하나의 국가로 통합했다. 잉글랜드와의 합병 이후 스코틀랜드. 북아일랜드, 웨일즈 등의 역사와 전통문화는 상당부분 훼손되어 민족의 정통성 보존이 위협 당하고 있다. 인구밀도는 전체인구의 80%이상이 잉글랜드 지역에서 거주하고 있으며. 잉글랜드는 영국 전체의 53%면적을 차지하고 있다.

그들 중 웨일즈는 독립정신 고취를 목적으로 1925년에 '웨일즈국민 민주주의당'을 창설하여 자치독립을 위해 많은 노력을 했지만, 세월이 갈수록 웨일즈 전통을 지키려는 후손들은 줄어들었고 웨일즈 언어도 점차 소멸되어가는 처지로서 영국이라는 거대한 국가주의에 동화되어 가고 있다. 영어와 웨일즈 언어를 사용하던 인구는 1920년대만 해도 약 37%정도 남아 있었으나, 2014년인 오늘날의 경우는 아마도 상당부분 줄어들었을 것으로 여겨진다.

더욱이 흡수된 민족들 스스로가 그들의 뿌리를 지켜나가려는 의지가 없으며 웨일즈 민족 하나만 놓고 봐도 남·북으로 나뉘어 세력다툼을 하고 있을 뿐 아니라, 역사와 전통을 보존하려는 의지는 약하기 짝이 없다. 하지만 북아일랜드인들 중에 가톨릭 신자들이 주축이 된 과격 무장단체인 I.R.A.(Irish Republican Army) 측의 폭동사건으로 인한 상처도 완전히 치유되었다고 할 수 없다. 북아일랜드에서 新敎主義(신교주의)자들로 대표되는 Protestant(프로테스탄트)들이 주민선거권과 취업기회보장, 그리고 주택정책 등에서 차별 받아왔다며 이에 대하여 영국정부에 무력대항목적으로 조직한 I.R.A.는 1963년부터 무장 테러활동을 전개하여 양측이 사망자만 해도 무려 3천여 명을 넘어 섰다.

보비 산스는 I.R.A.회원으로서 영국정부에 의해 반국가 준동 혐의 등으로 체포되어 수감 중에 영국의회 선거에 출마하여 감옥에서 당선되었지만 66일간, 단식투쟁으로 끝내 사망함에 따라 민중 폭동이 일어났던 것이다. 하지만 당시의 수상이었던 마거릿 대처는 냉혹한 어조로 "산스는 하나의 범죄자일 뿐, 정치범은 아니다."라며 A Crime is a Crime(어 크림이즈 어 크림)"범죄는 그냥 범죄다."라는 강한어조로 그들을 비난했다. 그렇지만 1994년 8월 I.R.A. 측인 '신페인당'이 영국에 대하여 무조건적으로 휴전을 선언했다. 따라서 영국정부는 그해 10월에 정부가 휴전제안을 수용한다고 받아들여 250여 년간에 걸쳐 투쟁해 온 적대 관계를 평화적으로 해결하려는 계기를 마련하기는 했으나, 그들의 민족감정이 완전히 해결되었다고 보기는 어렵다.

강경정책 일변도의 영국 보수당정권이 18년간의 장기집권을 끝으로 1997년에 종지부를 찍었다. 새로 집권한 노동당의 토니 블레어는 웨일즈 민족과 스코틀랜드 민족에게 과감한 권력이양을 약속하고 그 일부분을 실행함으로서 민족갈등을 상당부분 해소했다. 비로소 그 정책으로 인하여 웨일즈, 스코틀랜드, 북아일랜드 등은 자치권을 상징하는 일부분의 권한을 행사할 수 있는 의회를 가지게 되어 불안하던 민족감정 관계가 조금쯤 해결되었다. 사실! 영국도 인종문제에서 자유롭지 않은 나라다. 2014년으로부터 약 1천 년 전인 1066년 프랑스 노르만 윌리엄

왕이 영국을 침략하여 색슨족을 제압하고 영국의 패권을 장악
했으며 그 때문에 영어에도 깊은 상처를 가지고 있는 나라이기
도 하다.

그 실례로서 영어에서 소를 cow, bull이라고 한다. 하지만 쇠
고기는 beef라고 하며 돼지는 pig라고 하지만 돼지고기를 pork
라고 한다. 또한 양은 sheep라고 부르면서도 양고기는 mutton이
라고 한다. 왜냐하면 당시에 가축을 기르는 사람들은 정복당한
영국인이지만, 그것들을 즐겨먹는 사람들은 침략 지배자인 프
랑스 사람들이었기 때문이다. beef, pork, mutton은 불란서 말로
서 발음이 다르기 때문이며 boeuf, porc, mouton.이와 같은 불란
서 말과 글자가 영어로 변한 것이다.

스코틀랜드와 북아일랜드, 웨일즈 민족의 基底(기저)에는 사
실상 침략자인 영국으로부터 독립하겠다는 민족주의 본심을 가
슴 깊은 속에 품고 있었기에 종족 간의 갈등이 끊이지 않고 있
다. 이들 3개 민족은 자의적으로 이주해 온 사람들이 아니라, 강
제로 흡수당했으므로 표면적으로만 영국인일 뿐, 내용에 있어서
는 전혀 다른 사상을 가지고 있다. 예를 들어 정치와 분리한다
는 스포츠정신에도 불구하고 영국인들 중에 종족이 다른 선수
들이 어느 외국팀과 스포츠 경기를 한다면 국적 상 영국인이라
할지라도 북아일랜드 계 등, 다른 종족들은 영국이 아닌 다른
나라 팀을 응원한다는 것이다. 적어도 웨일즈, 스코틀랜드, 아일
랜드, 이들 3개 민족만은 영국인으로 살아가야하는 자신들의 처
지를 싫어한다는 것이다. 그들은 하나의 영국으로 강조하는 화

합교육을 받아왔으면서도 강제로 흡수된 통합민족으로서의 골 깊은 감정이 마음 깊은 속에 흐르고 있다는 사실이다.

1997년에 《선데이 타임스》 신문이 잉글랜드 고등학교 학생 1,500명에게 어디서 살고 있느냐고 묻는 설문조사결과 1,320명 이 잉글랜드에서 산다고 대답한 반면에 영국에서 살고 있다고 대답한 학생은 고작 8%인 180명에 불과했다는 통계가 나왔다. 이는 영국이라는 거대한 국가명칭에 어울리지 않게 그들이 정 착한 잉글랜드 시민이란 강한 자부심만을 집착하여 영국에 산 다는 대답 대신 잉글랜드에 살고 있다는 대답을 한 것으로 본 다. 따라서 이 설문 결과를 통해 보더라도 민족별로 나누어진 영국 속에서도 다른 나라의 국민들처럼 살고 있다는 사실을 짐 작할 수 있다. 오늘날의 영국인들 중 종족별 정체성과 국가관의 정신구조가 어떠한지를 알 수 있다.

《What is Britain(왓 이즈 브리태인)》이라는 타이틀로 2000 년도에 영국인의 국민성을 묻는 설문조사를 실시했는데, 이를 둘러싸고 상당한 논란이 있었다. 영국의 인종문제 관련 단체인 'Rune made trust(러니메이드 트러스트)' 보고서 내용에 따르면 Britain(브리태인)이라는 단어가 영국을 대표하는 말로 사용해 서는 안 된다는 주장이다. 왜냐하면 브리태인 자체가 과거에 영 국이 약소민족들을 식민 지배하면서 인종을 차별했던 악몽 같 은 언어적 색채가 각인되어 있다며, 이제는 그 단어 자체를 영 국인들 머릿속에서 지워야 한다는 강한 거부의사였다. 이 단체 의 부회장이며 남편이기도 한, 개브런 상원의원은 영국은 移民

族(이민족) 국가로서 인종차별을 하지 않는다는 이미지를 대외에 밝히는 메시지로 영국왕실은 흑인으로 왕비를 삼아야 한다는 주장까지 내어 놔서 인권단체들의 지지를 받기도 했다.

하지만 이보고서를 영국인들 모두가 찬동하는 것은 아니다. 당시 내무장관이었던 잭은 오늘날 영국 안에는 여러 인종들이 섞여 별다른 문제없이 모두가 자유롭고 평화롭게 잘 살아간다며 연합민족이 오히려 영국을 강하게 만드는 힘이라고 강조했다. 따라서 지금은 이러한 소모적인 논란보다는 오히려 영국인다운 우월성을 찾아 대국적인 긍지를 가져야 한다고 역설했다. 또한 근세기 이후에 외세에 침략 지배를 받지 않아서 민족주의 영향이 없다며 최근 유럽에서 분쟁이 벌어지는 극우파들 민족주의에 대한 분쟁을 영국에선 찾아 볼 수 없으며 그것이 곧 다양한 인종들이 별 문제 없이 잘 화합하여 살아가는 실상이라고 주장했다.

실제로 영국이 다른 유럽 국가들에 비해서 다양성을 존중해주는 나라라는 주장은 상당부분 근거가 있다. 2001년도 인구조사에서 영국계 백인, 아일랜드계 백인, 카리브계 백인, 흑인, 아프리카계 흑인, 아시안 계로는 중국, 인도, 파키스탄, 일본, 한국 등 많은 인종들이 섞여 살고 있는 것으로 나타났으며 런던 인구의 7백30만 중 3분지 1이 외국 태생으로 밝혀지기도 했다. 또한 50여 개 국가 이상의 국민들이 자신들의 민족별로 집단사회가 형성되어 각, 종족마다 그들의 사용하는 300여 가지 언어와 영어를 동시에 쓰고 있는 것으로 조사되었다. 2005년 엘리

자베스 2세 여왕은 국민에게 보내는 연설에서 여러 종족의 다양성을 존중하자는 내용을 힘주어 말했다. 긴 세월동안 이어져 온 영국 이민사를 통해 쌓여진 각기 다른 민족의 문화와 특징은 영국의 국가적 자산이라며 한껏 추켜올리는 연설요지로써 민족갈등을 염려하는 듯 특별히 혼합 민족이 영국의 강력한 에너지라는 요지로 대영제국의 국민으로서의 정신적 통합을 역설했던 것이다.

위에서 살펴 본대로 영국이란 나라는 세계의 다양한 민족들이 모여 영어 이외의 300여 개가 넘는 언어들을 사용하고 있는 나라다. 이들의 언어는 상당부분은 영어에 섞여 있으며 그 중에서도 대표적으로 많이 사용되는 Yes, Ok, you, I, in, Go, Is 등 필수적인 일상적 언어들이 거의 우리말을 그대로 쓰고 있다. 또한 국가를 상징하는 National(내셔날) Social(쏘시얼) 등도 우리말 '나라'와 '사회'라는 단어가 변형된 말이며 Give(기브)라는 단어도 우리말 寄附(기부)문화에서 변형된 영어다. 이밖에도 아주 많은 우리 언어를 영어가 빌려 쓰고 있다는 사실을 알 수 있다.

영국은 바이킹들이 경제적 실권을 장악하고 세운 나라로서 주변의 스코틀랜드나 웨일즈 등의 다른 나라를 흡수하여 통일 정부를 꾸리고 있으나, 아일랜드계는 폭동을 일으킨 바도 있다. 그들의 뒤를 봐주는 세력들은 미국 등 세계 각지에서 富豪(부호)로 존재하며 음성적으로 자금을 지원하는 사람들이 많다고 알려져 있다. 완전한 자치권을 가지는 것은 아니지만, 아일랜드계는 상당한 결속력을 가지고 있으며 북아일랜드 일대에 반군들이 얼마나 많은 무기를 어디에 은닉했는지 알 수 없다는 걱정을 하는 영국인들도 있다.

근대사에 있어서 '해가 지지 않는 나라'라고 불릴 정도로 강대했던 영국에 찬란한 영화를 누리던 위력적인 우산으로 씌워진 탓에 나라를 빼앗긴 분노도 느낄 겨를 없이 잘 지탱해 왔다. 그렇지만 아무리 부강한 나라의 국민이 되어 군림한 역사가 있었다 해도 강제로 통합당한 다른 나라 민족들이 어설프게 융합되어 살아가고 있었으므로 이들이 자신들의 나라와 재산을 송두리째 빼앗겼다는 상실감으로 상처가 깊은 것도 사실이다. 지금까지는 영국이라는 거대한 국가 집단속에서도 마치 변방에 흩어져있는 유랑자와도 같은 소수민족 형태로 살아가고 있기는 하다. 하지만 언젠가? 국력이 약해지거나, 정치권력의 탈선 또는 독선적인 방향으로 흐르게 된다면 장차 이들로부터 민족 갈등이 폭발할 수도 있어, 영국의 흥망성쇠를 좌우할 시한폭탄 같은 위험한 요소도 있는 것 같다. 이 책에서 다루고자 하는 것은 우리 배달민족 언어가 어떻게 하여 영어에 섞이게 되었는지를 찾아내는 것이며 과연 얼마나 많은 정도의 우리 언어가 얼마만큼 중요한 영어의 중심 어휘로 변했는지를 연구하여 밝히고 기록하려는 것이다.

▎ National(내셔날): 나라

우리말의 '나라'에서 변형된 영어다. 언어에 있어서 민족의 집단을 상징하는 국가를 나타내는 언어이상의 중요한 단어가 있겠는가? 내셔널이 바로 그것이다. 이는 우리말의 '나라'에서 변형된 영어이며 우리말을 영어가 빌려 쓰고 있다면 우리가 얼마나 영향력 있는 민족인지 설명하지 않아도 상상될 것이다. 그런데 어째서 우리말이 영어로 변했는지를 아직은 명확하게 밝히지 못하는 안타까움에서 이 책을 펴내는 것이다. 한 가지 참고 할 사항은 순수한 우리 고대어가 영어로 변형된 것도 있지만 한문이 들어온 뒤에도 끊임없이 우리말이 영어로 변형되었으며 그 사례로 Yes 또는 Go 따위는 한문 이전의 우리말이지만 한문을 대입해야 뜻이 통하는 영어는 후대에 변형된 것으로 볼 수 있다.

▍ People(피플): 패거리

패거리로 번역해야 한다. 그 이유는 牌(큰떼 패)자의 뜻이 큰 떼거리를 의미하기 때문이다. 따라서 패거리에서 변형된 영어로 본다.

People(피플)이란 영어를 보통사람들 즉, 百姓(백성)으로 번역하고 있으나, 이는 잘못된 번역이다. 百姓(백성)이란 성씨를 중요하게 여기던 근대에 와서 漢字(한자)가 그렇게 번역한 것이며 고대에는 '떼거리 또는 패거리'였다. 패거리 또한 牌(큰떼 패)자를 쓰고 있기는 하지만, 우리나라의 아주 오랜 고대인들의 말과 비슷한 것이다, 百姓(백성)이나, 派閥(파벌) 등은 후대의 漢文(한문)전성기의 단어들로서 후대에 한문 언어시대에 본뜻을 변경한 것으로 짐작된다.

╻┃ Civil(시빌): 市民(시민)

Civil(시빌)이란 市堡(시벌)로서 저잣거리를 일군다는 뜻으로 영어로는 City Field(시티필드) 또는 Store Field(스토어 필드)에 해당한다. 이 또한 우리말을 영어가 차용하여 변형해 쓰고 있다.

우리 고대어엔 시민이니 공민이니 하는 따위에 말이 있을 수 없다. 그 옛날에는 인류가 그리 많지도 않았거니와 市內(시내)라는 개념의 도시형 삶을 살았던 것도 아니다. 그저 조그만 저잣거리를 상징하는 몇 집이 모여 物物交換(물물교환)으로 장사하는 곳을 저잣거리 또는 市堡(시벌)로 불렀던 것이 훗날 市場堡(시장벌)로 바뀐 것이다.

╻┃ Citizen(시티즌): 시민, 공민 (우리말 市廛(시전), 시민, 상가, 시내)

우리 고대에 市廛雜輩(시전잡배)란 말이 있다. 이 말의 뜻은 시장 안에 장사꾼과 무리들이 섞여있다는 뜻이다. '씨티즌'이 바로 市廛(시전)에서 변형된 영어다. 우리 고대어로는 '저자 떼' 또는 '저자 패'에서 온 말이다. 이 또한 근대사가 시작될 무렵 漢文創製(한문창제)로 생겨난 단어로서 市中(시중)이니 市場攄(시장터)이니 하는 말이 생겨난 뒤에 시장상가를 일컫는 우리말을 영어가 차용하여 市廛(시전)에서 변형된 '시티즌'이다.

╻┃ Adult Senior(어덜트 시니어): 어르신

우리는 고대로부터 어르신이란 말을 써 왔다. 이 말은 어른과 시니어는 같다는 뜻으로 이 두 단어를 합쳐 외운데서 비롯된다. 또한 우리들이 흔히 쓰는 말 중에 先輩(선배)란 단어를 아주 많이 사용한다. 선배란 손위에 무리를 일컫는 말이다. 영어로는 Senior(시니어)로서 연상 또는 지위가 위인 상급자를 일컫는다. 특히 오늘날에 나이 많은 노인들을 부추겨주는 의미로 어르신이라고 하는데 이 말을 세분하면 어른 선배님이란 뜻이다. 사실! 그냥 어른이라고 하던가, 선배님이라고 해도 존칭이 약해지는 것은 아닌데 왜, 굳이 어른 선배님에 해당하는 어르신을 꼭, 붙여야 하는지 알 수 없으나, 그 말의 뜻을 정확하게 알고 사용하는 사람들은 많지 않을 것으로 본다.

▎▎ Social(쏘시얼): 사회, 세상

이 단어도 우리말 社會(사회)에서 변형된 영어다. 사회란 일정 토지에 모여 사는 집단이란 뜻으로 사용하고 있으며 영어에서의 뜻도 비슷하다. 즉, 사람들이 집단을 이루어 살아가는 기초단위를 '쏘시얼'이라고 한다. 영어가 국가와 사회 그리고 시민 백성 어른을 존칭하는 용어들까지 우리말을 가져다가 알파벳으로 기록하여 발음을 조금쯤 변형해 사용하는 언어라면 우리가 영어의 종주국인 셈이다. 이런 분석을 내어 놓으면서 신나기도 하고 우리 민족의 자긍심이 저절로 생겨 저의들 말도 제대로 없어 우리말을 가져다 고쳐 쓰고 있는 영어권 사람들의 높은 콧대 밑을 들여다보며 어깨를 으쓱 추켜 보이고 싶을 정도로 통쾌함을 느낀다.

▎▎ Grave(그라브): 묘제, 묘비, 공동묘지 (그러묻다)

서문에서 잠깐 언급한 대로 우리나라 선사시대 무덤을 고인돌이라고 한다. 그 까닭은 땅을 파고 묻은 게 아니라, 큰 돌을 가져다가, 작은 돌로 고여서 그 안에 시신을 넣고 흙으로 매장 처리한 것으로 보기 때문에 사실적인 축조 형태를 설명하여 고인돌이라고 부르고 있다. 그런데 놀랍게도 영어에서는 이를 Dolmen(돌멘)으로 표기하고 있다. 이는 분명 우리 민족 언어를 들리는 대로 알파벳으로 받아쓴 말이다. 우리 조상들은 산과 무덤을 뫼라고 불렀다. 돌덩이로 만들어진 고인돌 무덤을 영어권 사람들이 돌멘이라고 불렀다면 그들은 우리말을 접했던 사람들이라고 여겨진다. 돌무덤이 우리나라 전라도 지방에 가장 많고 북쪽으로 올라갈수록 적어지다가 동북아시아를 거쳐 유럽지역에 가서 끝난다는 사실로써 우리 민족이 유럽으로 이주해 간 경로를 유추할 수 있을 것이며 그렇게 우리말이 영어권에 전해진 것으로 본다.

그렇다면 영어에서 무덤을 가리켜 Grave(그라브)라고 발음하는 그 어원은 어디서 온 말일까? 이는 우리 고대인들 말로 '그러묻다'에서 왔다고 보는 것이다. 아직도 노령 층 분들은 장례를 치르는 것을 그러묻었다고 하는 분들이 있다. 허다 못해 쓰레기를 땅에 묻을 때도 그러묻으란 말을 잘 쓰고 있다.

▎ Bury(버리): 무덤, 묘지(버리다, 묻어 버리다(흙에 파묻다))

우리 부모들 세대까지만 해도 '그러묻다', '묻어 버리다'라는 말을 썼다. 이 말은 '(땅에) 묻다'와 '버리다'는 같은 뜻이란 의미다. 따라서 영어의 Bury(버리)도 우리말 '묻어 버리다'에서 변형된 것으로 본다.

우리 고대의 장례문화 용어를 영어가 사용하고 있는 사례로서 Grave Or Bury(그래브 오어 버리) 등은 우리나라 고대 언어로서 '그러묻다'와 '묻어 버리다' 등에서 온 영어로 보는 것이다. 따라서 흔히 말하는 '무엇을 버리다'라는 말을 유추해볼 때 우리 고대인들은 사람이 죽으면 내다 묻는다는 의미를 "Bury(버리)다."라고 했을 것으로 짐작된다. 그 말이 오늘날에는 무엇을 버린다는 말로 변형된 것으로 본다.

❙❙ Summary(썸마리): 요약, 간략, 요점

이 단어는 대충 '요약'으로 번역하고 있지만, 우리말 '실마리'에서 온 단어로 본다. 실마리는 실의 끝으로 생각하기 쉽지만 실 끝이나 요약은 같은 의미를 가진다고 할 수 있다. 우리들은 가끔 무슨 문제를 풀 때 실마리를 찾아야한다고 한다. 따라서 실의 끝은 요약된 시작점이라고 볼 수 있기 때문이다.

❙❙ Want(왠트): 원하다, 바라다, 願(원할 원)

우리는 무엇을 바랄 때 원한다는 말을 쓴다. 이는 우리 고대로부터 사용해온 말이며 한문으로도 願(원할 원) 자를 쓰고 있어 한문이 들어온 후이거나 그 전에도 역시 '원하다'는 우리말이 분명하며 이 또한 우리말이 영어의 Want(왠트)로 변형된 것으로 본다.

❙❙ Go(고): 가라, 가다

어디를 가라고 하던가, 어디를 갈 때 흔히 쓰는 단어다. 이 단어도 우리말이 영어로 변한 것이다.

‖ yes(예스): 네, 예

우리의 일상적인 말로 긍정적인 대답의 영어 단어다. 이 또한 우리말이 영어로 변형된 것이다.

‖ Sexy(섹시): 색시, 각시

우리는 언제부터인가, 섹시하다는 영어를 자주 쓴다. 그런데 섹시하다는 말뜻은 과연 무엇일까, 아마도 성적인 매력이 있다는 의미라고 여겨진다. 그럼, 우리 조상들이 '색시'란 단어를 누구에게 어떤 의미로 썼을까? 바로 시집 온 새댁을 색시라고 불렀다. 예전에는 가급적이면 처녀들이 총각들 눈에 보이지 않는 삶을 살아가도록 사회 환경이 유도되고 있었다. 그래서 결혼적령기의 처녀는 밖을 자유로이 내다 볼 수조차도 없도록 부모들로부터 단속을 당했고 이웃들로부터는 큰 흉이 되기도 했다.

그러나 일단 혼례를 치루고 나면 처녀가 신랑의 색시가 되어 조금쯤은 밖을 나돌아 다닐 수가 있었다. 그때서야 비로소 새댁이란 신분으로 외간 사람들에게 보일 기회가 있었고 다른 사람들로부터 누구네 집 새댁 또는 누구의 색시라는 칭호를 얻게 되는 것이다. 하지만 첫아이를 낳기 전까지만 누구의 색시로 불려 지다가 아이를 가진 후에는 누구 엄마로 불리며 세월이 좀 지나면 아주머니에서 할머니가 된다. 섹시하다는 단어를 늙은 할머니에게 쓰는 사람은 없을 것이다. 또한 아이들을 주렁주렁 거느리고 다니는 아주머니보고도 섹시하다고 하지 않는다.

따라서 결혼할 당시가 비로소 가장 섹시한 여인의 절정이며 성적인 매력이 최고조에 달한다고 할 것이다. 관련하여 Sexy(섹시)는 우리나라 '새색시'에서 변형된 영어로 보는 것이다.

▮ Cord(코드): 끈, 새끼줄, 줄, 전기코드

우리 고대 사람들은 새끼를 꼰다던가, 밧줄을 꼰다는 말을 써 왔다. 결국 무엇을 꼰다는 말을 영어에서는 Cord(코드)라고 변형시켰다. 혹은 코드가 맞지 않는다는 말도 있는데 그것은 전기코드 같은 것을 의미한다. 최근에는 정치권에서 코드인사 논란도 심심치 않게 있었다. 결국 코드란 말은 우리 고대어 '끈'과 '무엇을 꼬다'에서 변형된 영어다.

▮ In(인): 안에

인은 우리들이 흔히 안쪽을 의미할 때 쓰는 영어다. 이 단어도 우리말 '안'에서 변형된 영어다.

▮ OK(오케이): 좋다, 흔쾌히

OK는 모든 면에서 긍정이다. 欣快(흔쾌) 역시 만사오케이의 긍정이다. 欣(기뻐할 흔) 자이고 快(쾌할 쾌) 자다. 따라서 欣快(흔쾌)란 단어는 기쁘게 쾌히 승낙한다는 의미이고 오케이와 같은 뜻을 가지며 '흔쾌히'라는 발음을 비슷하게 들리는 영어로 OK(okay)로 변형시킨 것으로 본다.

▮ Early(얼리): 얼른, 일찍

이 말은 우리 고대인들이 사용하던 '얼른'이란 말에서 유래한 것으로 이 또한 영어가 우리말을 가져다 쓰고 있는 영어다. 아직도 노령 층 분들은 '얼리' 오라든가, '얼른'이라는 말을 하는 것이다.

▮ Leisurely(레이슈얼리): 어슬렁거림

이 단어도 우리말 '어슬렁거리다'에서 변형된 영어다.

▮ Beamingly(비밍글리): 빙그레, 기쁨으로 웃다

거듭 강조하지만 우리 고대어만 찾아내면 거의가 영어와 뿌리가 같다는 사실을 발견하게 된다. 이 말도 우리의 고대어 아니 현재까지도 사용하고 있는 '빙그레'에서 변형된 영어로 본다.

▮ Treat(트릿): 다루다, 다스리다, 치료하다, 취급하다

治(다스릴 치) 療(치료할 료), 治療(치료)는 현대의학 용어이지만, 우리 고대어로서 '병을 다스리다', '약으로 다스리다' 등에서 트릿(Treat)으로 변형시킨 영어로 본다.

▮ Care(캐어): 치료, 간호, 근심

이 단어를 캐어로 발음하지만, 경우에 따라서 '쾌히', '쾌차'로도 발음할 수 있다. 노령 층 분들은 환자를 대할 때 쾌차하시라는 등의 말을 쓴다. 快差(쾌차)는 한문이지만 우리 고대어 케어, 또는 쾌도 비슷한 발음을 번역할 때 한문으로 快差(쾌차)라고 번역했을 것이며 영어로는 治療(치료)를 의미하는 Care(케어)로 변형된 것으로 본다.

▮ Cease(크즈): 그쳐, 끝내다, 멈추다

이 단어는 '쓰즈' 또는 '크즈'로도 발음 할 수 있다. 따라서 이는 우리말 '그쳐'가 영어로 변형된 것으로 본다. 예를 들어 우리 고대 사람들은 아이가 울면 '뚝~' 또는 '그쳐', '뚝 그쳐'를 사용했었다. 따라서 "뚝, 그치"라는 말은 "뚝과 Cease(그즈)는 같은 뜻"이라는 의미로 외운 것으로 본다.

▮ Gasp(가스프): 가쁘다, 숨이 차다

우리는 고대로부터 가쁘다는 말을 써오고 있다. 감기가 들거나, 늙으면 숨이 차고 가쁜 현상을 호소하는 경우가 있으며 우리말 가쁘다가 가스프로 변형된 영어로 본다.

▮ Learn(런): 알아가다, 배우다

Busy Learn(부지 런)이라는 말이 있다. 이 말을 번역하면 바쁘게 배우라는 말이다. 혹은 Busy Run(부지 런)이란, 무엇인가를 빨리 하라든가, 또는 빨리 달리라는 말이기도 하다. 그런데 무엇이든 빨리 하기 위해서는 숙련이 되어야 하며 숙련이란 工夫(공부)를 해야 하고 공부란 기술의 장인이 되어야 한다는 의미이며 동시에 부지런히 배워야하는 바로 Learn(런)이 되는 것이다.

우리가 왜 배워야하는지를 생각하다가 6.25한국전쟁과 관련한 슬픈 이야기가 떠올랐다. 때는 1950년 6월 25일 한국전쟁이 발발하여 우리 정부가 부산까지 피난 가야만 했었던 때의 이야기다. 국군은 낙동강 전선에서 남북이 갈라져 싸우느라 피로 강물을 붉게 물들일 정도로 치열한 전쟁 중에 있었다. 한마디로 대한민국 운명이 풍전등화와도 같았던 절박한 시기에 미군 극동사령관 맥아더 장군은 인천상륙을 단행하려고 상륙일자인 1950년 9월15일로부터 1주일 전쯤 미군을 주축으로 하는 한미 특수부대를 인천 앞바다에 급파했다. 당시 한미 특공부대는 소형 쾌속정을 어선으로 위장하여 항해 끝에 인천상륙 3일전 풍도와 팔미도 사이에 정박하고 인천상륙을 대비하여 왕래하는 민간인 선박들을 불심검문하는 등 인천 쪽으로 진입하려는 모든 선박들을 통제하는 경계근무로 초긴장 상태에 있었다.

이때쯤 인천에도 미군 상륙작전 소문이 파다하게 퍼졌다. 인천시가지에서 북괴군과 미군의 교전이 벌어진다면 누구도 안전을 보장받을 수 없다고 판단하여 경제력이 있고 정보가 빠른 사람들은 배라고 생긴 것들을 있는 대로 수배하여 탈출을 시도하고 있었다. 왜냐하면 지역 특성상 인천에서 육지로 피난을 간다면 이미 북괴군이 장악하고 있는 그들 소굴로 들어가는 꼴이라서 배를 타고 남쪽으로 가야만 살아날 희망이 생긴다는 절박함으로 탈출용 '배'를 소유한 사람들이 배 값을 달라는 대로 지불하면서 소형 선박들을 구했다. 사실! 그 당시 우리나라엔 대형 선박이 존재하지도 않았다. 몇 명만 타도 배가 곧 가라앉을 것만 같은 재래식 거룻배 형태의 작은 낚싯배 수준에 가족 또는 친지들로 구성된 피난민들을 가득 싣고 공산치하에 있었던 인천으로부터 탈출하는 피난길에 있었던 것이다.

소형 선박의 뱃길이라는 게 항상 육지가 보이는 내륙 가까이로 항해하는 것이다. 만약 소형 선박으로 큰 바다를 항해하다가는 고기밥이 될 처지라서, 작은 배들은 연안을 타고 노 저어 가야했다. 인천에서 남쪽으로 가자면 부득이 경기만을 지나야하는데 그곳은 물길이 가장 깊고 파도가 세서 위험한 지점이지만 다행히 풍도와 팔미도라는 섬이 있었다. 당시에 한미 특공대원들은 그곳의 물목에 있던 섬에 상륙하여 인천상륙 본진 군함들이 진격해 올 때 뱃길을 유도해 줄, 특수 등대시설을 구축하는 임무를 띠고 있었다. 동시에 인천으로부터 내려오는 북괴군 스파이들을 색출하여 상륙작전 정보를 감추는 임무도 띠고 있었다. 그런데 별안간 인천 쪽에서 소형 선박들이 간간히 남하해 오자, 미군병사들은 잔뜩 긴장해 그들의 정체를 알아내기 위해 쾌속정을 몰고 접근하여 검문이 있으니 정지하라고 소리쳤다. 하지만 미국말을 알아들을 리 없는 피난민들은 무슨 소리인지 알 수 없는 관계로 무턱대고 도망치는 경우도 있었다는 것이다. 하지만 느려 빠진 전마선이라서 노를 저어봤자, 얼마 가지도 못했고 미군 쾌속정에서는 불을 뿜는 듯 사격을 가해 피난민들을 몰살시키기도 했다는 것이다.

그러자 눈치 빠른 사람들은 순순히 배를 정지시켰지만 문제는 또 있었다. 미군선박이 다가와 당신은 북한 사람이냐고 묻는 "Are you north Korean?(아유 노스 코리안?)" 또는 당신은 남한 사람이냐의 "Are you south Korean?(아유 사우스 코리안?)"으로 묻는 이 말의 뜻을 알아듣는 사람이 없었다는 것이다. 차라리 아무것도 모르면 나을 수 도 있었을 텐데, 언제나 아는 체 하는 사람들이 있게 마련이다. OK가 좋다는 뜻이라는 말을 들은바 있어서인지, 미국 사람이 뭐라고 쏼~라 대면 누군가가 무턱대고 "오케이"라고 대답했다는 것이다. 그런데 어떤 사람들은 그 자리에서 사살 당했고 어떤 사람들은 빨리 피하라며 놓아 주었다는 것이다. 이유인즉, 당신이 북한 사람이냐고 묻는데, 무조건 오케이라고 대답하여 억울하게 죽은 사람이 있는가하면, 당신이 남한 사람이냐고 물었을 때 다행히 오케이라고 대답한 사람들은 살아남을 수가 있었다는 것이다.

왜 그런 비극이 벌어졌느냐하면 우리 군사력은 낙동강 전선까지 쫓겨 가 있는 처지이고 내륙 전체가 북한치하에 있어 이들을 인계할 군사기지라고는 없었다. 어디에 얼마의 적이 있는지 알 길이 없었을 뿐 아니라, 아주 중요한 인천상륙작전을 수행하려는 상황이므로 뱃길 안내와 북괴군 동향 탐색보다 더 중요한 일은 없었다. 그런 특수 임무를 띠고 은밀하게 인천 앞바다까지 침투한 한미 특공대원들에게 있어 가장 시급한 일은 인천 상륙용 군함들을 안내할 등대를 팔미도에 설치하는 것이었다. 혹시라도 그곳에 어떤 적들이 숨어 있는지 염려되어 등대 설치를 위한 기술병들을 보호하기 위해 한국 군인들은 섬에 상륙하여 그곳에 살고 있는 민간인들을 경계하는 것이 임무였고 미군들은 비교적 안전한 배에 남아 바다 경계 임무를 띠고 있었던 것이다.

그런데 갑자기 인천 방향으로부터 소형 선박들이 밀려 내려오기 시작하는데 누가 적이고 누가 양민인지 가릴 수가 없었다. 미군들은 그들을 심문하여 적군인지 양민인지를 가릴 자질도 없었거니와 대형 선박도 없는 처지라서 그들을 수용하여 조사 받도록 안내할 방법이 없었던 것이다. 무엇보다도 시급한 것은 곧 진격할 인천상륙작전의 보안을 확립하는 것이었다. 이 작전에서 얼마나 많은 군인들이 사상 당할지, 과연 상륙에 성공할 수는 있을지 등등 초긴장된 급박한 상황에서 피난민들이었건, 적군이었건 간에 별안간 나타난 Boat People(보트피플)들이 반가울 리 없었다.

그래서 대충 북한 사람이냐 남한 사람이냐를 물었고 원하는 대답이 안 나오면 무참히 사살했던 것이다. 따라서 항상 공부를 해야 하는 이유가 이런 급박한 상황을 슬기롭게 대처하기 위해서이기도 하다. 언제 어디서 어떤 상황이 벌어질지 모르는 복잡한 시대에 비추어 만일의 경우를 대비해서라도 배움은 그만큼 중요한 것이다. 누군가가 어떤 사건에 휘말린다면 배운 사람들은 상황파악이 빠르고 대처능력이 앞설 수 있어, 자신의 생명을 지키는 것은 물론 다른 사람들 생명도 구할 수 있을 것이다. 그래서 우리는 가능한 모든 공부를 많이 해야 하고 외국어도 배워 두는 게 좋을 것이다.

We(위): 우리
이 단어 또한 '우리'라는 말이 영어로 변형된 것으로 본다.

Why(와이): 어째서, 왜?
이 단어 또한 우리들이 아주 자연스레 쓰는 단어다.

║ Show(쇼): 보여주다

보여주쇼, 해주쇼, 와보쇼, 내어 놓으쇼, 증거를 보이쇼 등등 쇼 자가 들어가는 모든 단어들은 '보이다'라는 의미를 가지고 있다.

║ when(웬): 언제, 어느 때

'언제', '어느 때' 또한 우리들이 아무렇지 않게 자주 쓰는 단어다. 이 단어도 언제라는 말을 영어가 '웬'으로 변형시켜 쓰고 있다.

║ Stress(스트레스): 시달리다

이 단어는 최근에 많이 쓰고 있다. 이는 우리말 '성가시다', '시달리다'에서 온 말이며 사람들은 무엇, 또는 누구로부터, 더러는 돈, 재산 때문에 시달림을 당하는 게 곧 스트레스다. 따라서 스트레스는 만병에 근원이며 이로부터 벗어나는 게 행복하게 사는 길이다.

║ Address (어드레스): 어디, 주소

우리는 주소를 물을 때 "'어디' 어디세요?"라는 말을 사용한다. 따라서 주소는 '어디'와 일치한다. 그래서 우리의 '어디?'가 어드레스로 변형된 영어로 본다.

║ Try(트라이): 시도하다, '(무엇을) 하다', 추라이=하다

이 영어는 1930년 전·후 출생하신 분들도 쓰고 있기는 한데 고대로부터 있어 왔던 단어인지는 확실하게 알 수 없다. 하지만 Try(추라이)자체가 무엇을 '하다'인데 나이 드신 분들은 "추라이 하다." 또는 "추라이 해봐." 등등 같은 뜻을 가지는 영어와 같은 뜻의 한국말을 중복하여 쓰고 있다. 어쩌면 '추라이'와 '해 봐'는 같은 뜻으로서 종족 간의 다른 언어를 학습하기 위해 외 웠는지도 확실치 않다. 아니면 영어에서 온 말인지 또는 우리말 을 영어가 쓰고 있는지도 아직은 밝히지 못했다.

❙❙ Part(파트): ○○바로 ○○부분

우리 고대 사람들은 '이쪽저쪽'이라는 표현이 아니라, '이 바 로', '여기 바로', '저쪽 바로' 등으로 표현했다. 이를 오늘날의 표현은 '이 파트', '저 파트' 또는 '이 반', '저 반'으로도 사용하 고 있으며 Part(파트)는 우리 옛말, '이 바로', '저 바로'에서 변 형된 영어로 본다.

❙❙ Dirt(더트): 때, 더러운 오물 (때에서 변형된 영어)

더럽다는 우리말 '때'까지도 영어가 차용해 쓰고 있다는 사실 이다. 그것을 안다면 이제 더 이상 영어를 특별한 언어로 동경할 이유가 없다. 한문으로 인한 우리말의 添削(첨삭)과 일본이 한글 표준화법이란 구실로 우리 언어문화를 말살하려던 정책에 의해 서 잃어버린 고대어 아리안 족의 말만 찾아낸다면 영어 정복은 끝이다. 아니 잃어버린 우리말을 되찾는 것이기도 하다.

젊은이들에게 부탁하고 싶다. 제발 우리 본래의 말과 고대역 사를 되찾아 세계무대의 주역이 되어야 한다고 말하고 싶다. 이 중차대한 과업이 바로 대한민국의 청소년들에 의지력인 마음먹 기' 달렸다는 사실이다. 먼 옛날 사람들이 과연 돈이 많았거나, 많이 배웠고 컴퓨터 게임을 잘 해서 국제무대로 나아가 세계 공통어가 되어가는 영어에 우리말을 섞었겠는가? 아니다. 그들은 가장 가난하고 무식한 사람들이지만 오직 용기가 강했기 때문일 것이다. 아무리 많이 배워도 올바르고 대담한 용기가 없다면 정의로운 사회에 보탬이 될 무엇인가를 이루기를 기대할 수 없다.

우리 근대사에 있어 조선이 일본에게 패망한 것은 학식이 높은 선비가 부족해서는 결코 아니다. 오히려 일본인들보다 더 많이 배운 양반들이 우리 민족의 절반에 가까웠으면서도 그들은 놀고먹는 풍류에만 신경을 쏟았다. 시, 문학을 한답시고 모여앉아 기생파티를 즐겼고 무엇인가 힘들여 일해야 하는 생산적인 활동은 기피했다. 학식을 써먹을 벼슬길은 한정되었고 취직자리도 없는 조선사회에서 학문에만 정진하느라 체질은 지극히 게으르고 유약했다. 그러므로 양반들은 힘없는 상민을 등쳐먹는 재미에 집착하다가 결국 나라가 망했다.

아무런 희망도 없이 나날이 곰삭아가던 피폐한 농촌을 짓밟으며 가난한 백성들 위에 군림하여 유교사상을 부르짖고 입으로는 법도를 외치면서도 행실은 苛斂誅求(가렴주구)로서 세력쟁탈 싸움에만 매달렸다. 조선이 일본의 침략에 마치 썩어문드러진 고목나무 쓰러지듯 패망했을 때 정작 항일 독립운동을 한 사람들은 대다수가 中人階級(중인계급)들이었다. 김구선생, 홍범도장군, 안중근의사 등등 그 밖의 많은 분들이 높은 학식으로 벼슬길에 오른 분들이 아니다. 공부를 많이 한 유명한 학자이거나, 지체 높은 양반가문의 세력가들로서 백성위에 군림하며 편하게 살았던 분들이 아니었다.

오히려 권력도 없고 학력도 낮은 보통시민들이 亡國處地(망국처지)에 그 臣民(신민)이 어찌해야 할지를 정확하게 알고 계셨던 분들만 분연히 일어나 목숨을 걸고 나라를 되찾아야 한다는 강인한 의지가 있었다. 한 사람의 목숨을 던진다고 빼앗긴 나라를 되찾을 수 있으리란 일말의 확신이 있었던 것은 아닐지라도 나라 잃은 국민으로서 해야 할 도리로서의 애국심에 주저 없이 나섰던 것이다. 과연 그 분들이 朝鮮(조선)을 세운 이성계 왕조의 영화를 되찾아주기 위해 자신의 목숨을 걸고 침략자의 잘못을 꾸짖으며 붉은 피를 토해내며 역사의 꽃잎처럼 사라져 갔을까? 아니다. 그분들은 잘못된 정책을 펴온 朝鮮(조선)일지라도 그것은 자신들의 조국이었으며 통치체제를 고치는 것도 마땅히 제나라의 국민이 할 도리요. 백성의 자유를 찾는 것도 스스로 행해야 할 의무라고 생각했을 것이다.

그토록 용감하고 충성스러운 獨立鬪士(독립투사)들의 값진 피를 지불하면서도 끝내 우리 힘으로 나라를 되찾지는 못했다. 2차 세계대전의 주역들에 의해서 참으로 민망하고 구차하게 구원받은 대한민국이다. 하지만, 다시는 그런 뼈아픈 역사를 되풀이 하지 않으려면 공부는 열심히 하되 그 배움을 발판삼아 높은 자리에 군림하며 보통 이하의 서민대중들을 등쳐먹으려는 양반의 망국적인 사고방식을 버리라는 것이다. 글 배운 양반이니 상민들처럼 일하지 않겠다는 그 잘못된 생각 때문에 조선의 국력이 쇠퇴하여 일본에게 나라를 송두리째 바쳤던 것이다. 그런데도 학식 있는 사람들이 한 짓의 대부분은 침략자에게 빌붙어 개인의 부귀영화를 꿈꾸는 친일행위였다. 공부를 많이 하여 놀고먹었던 양반들이 앞장서서 독립운동을 했어야 했다. 차라리 일본의 강압에 의해 종놈의 처지가 될지라도 자발적인 친일 협력을 하지는 않겠다는 일말의 愛國臣民(애국신민)이란 도리로서의 독립정신이 있어야 했다.

그러나 양반 계급 상당수는 오히려 일본에게 적극적으로 빌붙어 일제치하의 공직자가 되려 했으며 일본경찰관이 되어 같은 민족인 조선의 양민들 위에 군림하기를 희망했다. 당시의 1천5백만 국민 중에 독립선언서에 서명한 사람이 고작 33인밖에 안 되었다는 자체가 나라 잃은 민족의 애국심에 전부였다면 이 얼마나 부끄럽고 참담한 민족인가? 이 사실은 세계사의 치욕적인 오점일 수 있다. 하지만 누군가는 변명했다. 일본이 워낙 지독한 강압정치를 행하여 어쩔 수 없었노라고 했다. 그렇다면 묻고 싶다. 독립선언서에 서명한 33인의 애국지사들에게는 일본이 강압정치를 안 했느냐고 말이다. 물론 숨어서 독립운동을 하다가 발각되어 옥고를 치룬 사람들도 있다. 그렇지만 자세히 살펴보면 독립선언서에 서명한 이들조차도 양다리 걸치기를 하든가, 변절을 거듭하며 먼 훗날 조국의 해방을 염두에 두고 기회주의적인 삶을 살았던 사람이 많다.

일본에게 침략 당했던 당시의 조선국민 중 상민이 절반 정도라고 할 때 그들이 항일 운동을 하지 않았다고 탓할 입장은 아니다. 양반들이 지향했던 자본주의 개념 논리로는 어떨지 모르지만, 인권이란 측면에서 본다면 상민은 60살이 넘어도 양반가의 10대 아이들이 부르면 언제나 "예" 도련님 하고 달려가야 하는 조선의 계급사회 제도로 인하여 양반들로부터 당해 왔던 압제보다는 차라리 침략자인 일본인들이 김상, 이상, 박상으로 불러주는 인격적 대우가 더 고맙게 느껴졌을 수도 있기 때문이다.

결과적으로 朝鮮(조선)의 잘못된 제도인 兩班階級(양반계급)을 打破(타파)한 것은 일본에 의해서였다. 이 얼마나 창피한 일인가, 일본은 일찍이 계급제도를 스스로 없애고 평등권을 가진 법치국가 제도를 채택하여 국력을 넓혀갈 때 조선의 양반들은 儒學(유학)이니 實學(실학)이니 道學(도학)이니 하는 이웃나라 敎育思想(교육사상)까지 가져다가 외우고 익히며 오직 힘없는 常民(상민)들을 등쳐서라도 부자 될 궁리만 했다. 상민들을 壓制(압제)해서라도 돈만 벌수 있다면 뇌물을 써서 벼슬을 사거나 牌黨(패당)을 지어 관직에 있는 누군가를 모함하는 上訴(상소)질을 하여 政界出仕(정계출사)를 꾀하는 치사하고 더러운 짓이나 일삼아 했다. 일본 침략세력은 조선의 취약점은 양반의 위력을 약화시키는 것이란 사실을 잘 알고 있었다. 그들은 常民(상민)들에게 양반과 동등한 인권을 가진다는 당연한 사실을 알려주는 것으로써 계급대립을 시켰다. 조선의 관리나 양반들로부터 이제껏 단 한 번도 들어보지 못한 인권이란 것을 침략자 일본이 보장해 주겠다니 이게 꿈인가, 생시인가, 눈이 휘둥글 해질 수밖에 없었을 것이다.

이로부터 상민들 중에 聰氣(총기)가 있는 청년들은 앞 다투어 일제 침략자들에 앞잡이가 되어 얼마 전까지도 마님 어른으로 받들어 모셔야 했던 양반들에게 담배를 꼬나물고 나타나 일제에 협력을 강요했다면 아마도 양반들을 까무러치거나, 분노를 못 이겨 제풀에 쓰러져 세상을 하직한 사람들도 있을 것이다. 결국은 일본이 택한 夷以制夷(이이제이) 전략은 기가 막히게 들어맞았다. 조선의 양반들에 원한을 가진 상민들을 이용하여 양반세력을 몰락시키는 절대적인 효과를 거두었다. 일본은 가만히 앉아서 상민들의 인권을 교육시키고 표면상 민주주의에 반하는 양반들을 능멸하는 것으로 조선사회는 저절로 무너지는 효과를 거둔 셈이다.

그런 측면에서 朝鮮(조선)이란 나라를 운영했던 이성계 가문의 통치는 지탄받아 마땅하고 그 臣民(신민)으로 살았던 우리 민족의 氣槪(기개)는 땅에 떨어졌을 뿐 아니라, 挾雜(협잡)꾼에 가까운 淺薄(천박)하기 이를 데 없는 사람들이었다. 사실이 그러함에도 오늘날까지 우리나라는 교과서 등을 통해 자랑스러운 조상을 가진 훌륭한 민족이라며 우리 역사와 선인들을 칭송하기 그지없다. 물론 찾아보면 자랑할 만한 사람이 아주 없었던 것은 아니다. 대표적으로 이순신 장군이나, 세종대왕을 거론할 것이다. 하지만 이 지구상에 예수님이나 공자님 그리고 석가모니 알라신이 있었다고 해서 인류가 완전한 Paradise(파라다이스)적 삶을 살았던 것도 아니다. 세계가 추앙하는 위인들 몇 분 있었다고 해서 나치즘의 유태인 학살까지도 통 털어 자랑할 수는 없는 것이다. 조선에 위인 몇 분이 계셨다고 해서 양반들의 망국적 횡포까지를 자랑할 것인가? 그래도 조상이 양반 가문이었음을 오늘날까지도 자랑으로 여기는 우리 민족이 과연 일본의 역사왜곡 침략 행위 미화를 나무랄 자격은 있는 것인가를 묻고 싶다.

적어도 한 나라의 역사를 자랑하려면 그 바닥 민중들이 얼마만큼 자유를 누렸으며 의식주는 해결되었는지, 인간다운 인권을 누렸거나, 그런 권리를 쟁취하려는 용감한 투쟁은 있었는지를 종합적으로 평가하여 세계 인류의 보편적 삶의 가치를 기준으로 제자리를 지켜낸 결과를 가지고 평가해야 한다. 그런데 돌이켜 보면 우리 조상들은 같은 혈통의 단일민족이라고 자랑하면서도 사상이 다르거나 파당의 약함을 따져 인간의 계급을 함부로 나누어 자신들의 군림을 위해 이웃과 동지를 짓밟아, 양반으로 행세하며 글줄이나 읽은 것을 자랑으로 여긴다는 것은 참으로 못된 짓이었다.

하지만 역사 이래 어느 정권, 어느 지식층이든 간에 조선의 양반들에 횡포로 얼룩진 피비린내 나는 부끄러운 과거사를 진심으로 뉘우치고 반성하며 잘못을 비판하지 않았다. 우리의 과거사는 잘못되었었다며 진심으로 반성하여 다시는 이런 역사를 되풀이 하지말자고 강조하는 사람들을 보지 못했다. 오히려 우리는 찬란한 역사가 있었다며 자랑하는 사람들은 그 수를 말할 수 없을 정도로 많다는 사실이다. 특히 정치 지도자나 사회 지도층이란 사람들은 앞을 다투어 훌륭한 선조들을 내세운다. 그렇다면 앞으로도 그런 기회만 된다면 또다시 양반의 지위를 되찾고 서민대중을 짓밟으며 군림하겠다는 의지가 마음속에 숨어 있는지도 모를 일이다. 진정으로 잘못을 인정하지 않는 자들은 언제고 기회가 오면 또 잘못을 되풀이할 욕심이 있는 사람들이라 해도 틀린 말은 아닐 것이다.

따라서 오늘날의 학업 목적이 넉넉한 집안에서 태어나 돈이 없어 비싼 학원을 못가는 동급생들보다 좀 더 많이 공부하여 그러하지 못한 사람들을 노동자, 또는 격이 낮은 피지배자로 부려먹으며 옛날 양반들처럼 우월적 지위를 누리기 위한 것이라면 우리는 일본의 압제로부터 해방된 지, 불과 몇 십 년 후에 또다시 조선의 망국적인 교육을 되풀이 하고 있는 것이다. 공부란 같은 조건에서 누가 더 많이 노력하여 실력이 있는지의 수준을 정확히 가려야한다. 머리가 안 되는 아이들이라도 재력이나 권력을 이용하여 더 비싼 책을 사서 더 비싼 학원을 가고 심지어는 개인교수를 두어 실력을 증진 시켜, 그러하지 못한 동급생들을 누르는 그런 방식의 교육은 조선의 양반들이 상민들을 누르고 과거시험 보는 방식과 똑같은 것이다.

공부하는 목적이 국가 관료나 몇몇 대기업에 취직하려는 게 전부여서는 안 된다. 그런 좋은 자리에 취직할 수 없다면 농부가 되는 것도 주저하지 말아야한다. 그리고 동남아 국가들의 외국인 노동자들을 대신할 각오가 있어야 한다. 그래도 일자리가 부족하다면 용기를 길러 세계로 나아가 우리가 고용한 외국인 노동자들처럼 우리도 외국에 가서 기꺼이 노동할 각오를 해야 한다. 그런 일은 무식한 사람들의 몫이 아니라, 오히려 부잣집에서 태어나 공부를 많이 한 사람들이 자진해서 나설 수 있는 주인으로서의 국민이 되어야 하는 것이다. 과거에 양반들은 입으로만 주인 행세를 할 뿐이지, 실제로는 나라야 망하더라도 제 개인의 부귀영화만을 추구하는 족속들이었다. 이들은 외세의 침략자가 아니라, 같은 민족을 갉아먹는 내부의 침략자로서 일제보다 더 악독한 방법으로 선량한 민족을 등쳐먹었던 착취세력들이라 할 수 있다.

머리가 안 되는 아이들을 재력이나, 권력을 이용하여 우월적 지위를 만들어 관료가 되거나 좋은 자리에 취직한다면 그들로부터 공정한 세상을 기대할 수는 없다. 부정부패와 불공정이 지배하는 그런 세상밖에는 달리 희망이 없다. 그들이 지배하는 세상은 갈등과 협잡으로 혼탁해져 나라는 분명 망하게 되어 있다. 왜냐하면 그렇게 자라난 청소년들은 자신을 희생하는 양보를 모르고, 오직 특혜와 편법 그리고 적당히 놀고먹을 환경만을 조성하기 때문이다. 우리는 조선의 패망으로부터 특권자들이 군림하는 국가사회의 병폐가 어떤 결과를 가져오는지에 대하여 확실하게 경험했기 때문이다.

성공하는 기업의 주인들은 그가 거느리는 직원들보다도 더 많은 일을 한다. 조그마한 식당을 운영하는 사람이 주방을 살피지 않고 실내를 청결히 하지 않는다면 그 식당이 망할 날은 그리 멀지 않다. 진정한 주인은 직원들보다 더 정성들여 음식을 만들고 청소도 하며 직원들이 살피기를 꺼려하는 곳을 주인이 먼저 살펴야 손님들의 신뢰를 받을 수 있으며 그 식당이 성업을 하는 것이다. 만약에 직원들에게 잘하라고 꾸중이나 하면서 자신은 돈이 있고 많이 배웠다며 군림만 하려든다면 그 업소가 망하는 것은 시간문제다. 우리 朝鮮(조선)이 敗亡(패망)한 이유도 똑같은 이치다. 글 배운 양반들은 시문이나 쓰고 기생파티나 즐기며 한정된 벼슬자리를 차지하기 위해서는 누군가를 모함하여 끌어내려만 그 자리에 자신이 오를 수 있는 그런 나라, 다시 이야기하면 써먹을 곳은 없는데 글만 배워 놀고먹어도 되는 썩은 나라가 아무리 거저 부려먹다시피 하는 상민들을 쥐어짜도 국력이 커질 까닭은 없다. 그런 나라가 망하지 않는다면 그것은 참으로 해괴한 현상일 것이다.

글 배운 사람들이 앞장서야 한다. 우리말을 영어에 섞었던 조상들처럼 우리도 국제사회로 진출하여 우리의 영향력을 늘려나가야 한다. 많이 배운 사람들은 당연히 고급 일자리를 차지해야 한다고 생각하며 만약 그렇지 못할 경우라면 늙은 부모에게 청소부, 경비원, 국가가 지원하는 공공근로사업장 일용노동자 일을 시켜서라도 원하는 곳에 취업이 될 때까지 재수 삼수를 하면서라도 놀고먹으려 해서는 안 된다. 결국 그것도 안 되면 부모 재산을 처분해서라도 사업이라는 것을 하려는 젊은이들이 많다면 그 가정이 망할 날 또한 그리 멀지 않다는 것을 우리는 선비가 많았던 조선사회의 패망으로부터 경험했다.

역사로부터 배운 뼈아픈 경험은 일제 통치하에서 최고 학부를 나온 사람이 일본 천황에게 犬馬(견마)처럼 충성하겠다는 혈서를 쓰고 일본군대의 장교가 되어 독립 운동가들을 잡겠다며 쫓아다니다가 조국이 해방되자, 내가 토벌한 것은 한낱 비적들이지 독립군은 아니었다고 강변했다는 사실이다. 그 말의 본질은 일본 측 입장에서 보면 맞는 말이다. 최고학부를 나오는 목적이 그런 교활한 수단으로 침략자의 천황에게 혈서까지 써가면서 출세하려 했다면 이 얼마나 통탄할 일인가? 배우지 말아야 할 사람들을 가르치면 국가조차도 망할 수 있는 결과가 나타날 수 있다.

일본 침략세력들은 우리의 독립운동을 절대 인정하지 않았으므로 독립이란 용어를 말하는 것 자체가 금기였다. 절대다수의 조선인은 대일본 천황에게 무조건 충성하는데 소수의 불온 비적세력들이 난동을 부린다며 독립 운동가들을 잡아 죽이려 한 게 일본의 본색이었다. 그 침략자의 의중과 똑같이 독립군을 토벌했던 반민족적이며 반국가적인 역적행위자들이 해방된 조국에서 말하기를 자신들은 오직 비적을 토벌했을 뿐이라는 간단한 해명으로 대한민국의 군부지휘권을 장악했을 뿐만 아니라, 정치 지도자가 되었다.

그런데도 민중들 절대다수가 그들에게 동의했으며 자발적으로 충성하면서 저들의 친일행적에 이유를 달거나, 반민주적 행태를 꾸짖는 사람들을 가리켜 빨갱이 從北(종북)세력으로 매도하는 세상이 되었다. 이래서는 안 된다. 비록 가난하고 권력의 힘이 없을지라도 정의가 바로서고 아닌 것을 아니라고 할 수 있는 정직한 사회질서를 확립하려는 노력이 우선 되어야 한다. 모두가 앞 다투어 절대 권력이나 탐내고 더 좋은 군림 형 취직 자리만을 탐욕 하는 게 교육시키고 배우는 목적이라면 우리의 교육제도는 참으로 망국적인 반역적 사상을 양성해내는 교육공장에 불과하다.

11. 실크와 실크로드

▮▮ Silk(실크): 실, 비단

실크를 서양의 고급 옷감으로 여기며 마치 그것을 말하는 자체만으로도 영어 문화권 사람인 것처럼 생각하는 이들도 있을 것이다. 그러나 알고 보면 실크는 우리가 고대로부터 사용해 온 '실'을 의미하며 실재로 비단도 실로 짠 것이다. 어쩌면 Silk에서 K는 고구려 또는 고려를 의미하는지 모른다. 하여튼 실크는 '누에'로부터 나오는 실과 Cotton wool(코튼 울)이란 목화 털실이 있고 더 구체적으로 들어가면 모든 실이 비단은 아니다. 즉, Silk Worm(실크 웜)만을 실이라고 한다.

실크하면 중국을 떠 올리게 되는데 속된 말로 "비단이 장수왕 서방"이라는 옛날 노래 가사를 들어보지 못한 분은 별로 없을 것이다. 역사를 거슬러 올라가면 원나라(중국)가 목화를 독점하려는 의지가 강했음을 알 수 있다. 고려조 공민왕 때 사신으로 원나라에 갔던 문익점 선생이 농촌을 둘러보다가 밭에 흐드러지게 피어있는 흰 꽃을 보고 감탄해서 농부에게 저게 무슨 꽃이냐고 물었다. 원나라 농부는 풀 목화 草棉(차오미앤) 꽃이라고 하자, 문익점 선생이 그 씨앗을 달라고 했다는 것이다. 그러자 농부는 기겁하면서 이 씨앗을 유출하면 국법으로 다스림을 받기 때문에 왕명이 없이는 절대로 줄 수가 없다고 거절했다. 하지만 문익점 선생은 우리나라에서 그 목화만 경작할 수 있다면 백성들이 추위에 얼어 죽는 일이 없으리란 강한 애국심으로 선생 자신이 왕명을 받은 사람이라며 거짓말로 농부를 윽박지르며 스스로 씨앗 세 개를 채취하여 자신이 지니고 다니던 붓 뚜껑 속에 감춰 왔다. 그 씨앗이 우리 땅 어디에서 잘 자랄지를 알아볼 셈으로 산에 하나 밭에 그리고 논에 각각 하나씩을 심었는데 밭에서만 꽃을 피우고 열매를 맺자, 우리나라 전역에 경작을 희망하는 농가들에게 그 씨앗을 퍼뜨렸다. 1960년대만 해도 우리나라 농촌에 가면 거의 모든 농가에서 밭, 하나쯤은 목화를 재배했었다. 흉년이 들었거나, 가난한집 아이들이 배가 고플 때는 아직 여물지 않은 Fruit(프룻) 즉, 풋 목화송이를 따먹기도 했다. 그렇게 경작된 목화를 따서 추운 겨울을 견디어내느라, 솜으로 만든 이불과 옷을 만들어 입게 되었다는 것이다.

당시 원나라(중국)는 목화씨를 국외로 반출하지 못하게 왕명으로 막아놓고 그들만 목화솜을 생산하여 한 겨울에 따듯하게 살아가려 했던 것 같다. 그러나 충신 문익점 선생이 기지를 발휘하여 목화씨를 가져와 고려의 가난한 사람들이 추운 겨울에도 얼어 죽지 않고 살아남을 수 있었다. 선생이 돌아가시자, 그 고마운 뜻을 기리기 위해 목화솜으로 만든 옷을 입을 때는 저고리의 목둘레 막음 질로 동정을 달아 입도록 왕명을 내렸다는 것이다. 그래서 오늘날까지도 한복에 동정이 달려 있다. 부모가 죽었을 때는 상복을 입지만 문익점 선생에 대한 고마움은 부모보다는 덜하여 목에 동정을 달아 조의를 표하라는 지엄한 고려의 왕명이 아직도 유효한 것처럼 한복에는 반드시 동정을 다는 것은 복식의 멋스러움으로 승화된 복장문화의 자연스러움에도 귀결된다 할 것이다.

◀▮ Silk worm (실크 웜): 실크(벌레), 누에고치, 실, 비단

목화 실이 중국으로부터 왔다면 진짜 실크인 누에는 어디서 온 것일까? 이를 알기 위해선 세계 공통어가 되어가는 영어를 살펴야 한다. 우리의 실과 맥을 같이하는 Silk(실크)가 비단을 의미하는 것으로 봐서도 우리 고대어를 그대로 옮겨 적었다고 봐야한다. 위에서도 언급한대로 실크의 실은 우리말 실이 분명하고 '크'는 Korea(고려)에서 K를 따온 것으로 짐작된다.

그래도 혹시나 하여 중국어로는 실을 어떻게 발음하는지 한 번 살펴보자. 중국어의 실크 발음은 'Sichou(시츠오우)'라고 한다. 영어의 실크와 시츠오우는 발음상 거리가 있다. 이 사실만 봐도 세계 시장에 실크를 알린 사람은 중국인이 아니라, 우리 고대인들이 틀림없다. 그렇다면 혹시나 해서 누에고치를 영어는 어떻게 발음하는지 찾아보니 'Coco on(코코 온)'이라고 한다. 우리말 고치와는 통하는 데가 있는 것 같기도 하지만 그래도 끌어다 붙이기엔 좀 어색하다. 그럼 중국 사람들은 누에고치를 뭐라고 발음할까? 영문 표기로 봐서 'Cansi(칸지)'라고 읽어야 하겠지만, 중국발음은 칸을 묵음으로 처리하고 그냥 "지"라고 한다. 결과적으로 칸지, 이든 그냥 지든 간에 영어 코코 온과는 발음상 거리가 있어 결론을 얻기 어려우나, 실과 실크는 분명 우리말이 영어권에 녹아있는 것 같다.

▮▮ Padding(패딩): 포대기, 포개 입는 겉옷

1960년대 전후 까지만 해도 포대기가 없으면 아이들을 키우기 어려웠다. 포대기는 대개 이불을 싸던 겉껍데기 속에 헌 옷가지나, 솜틸 또는 그런 것조차 없는 아주 가난한 집에서는 짚을 방망이로 두들겨서 부드럽게 만들어 그 속에 넣은 작은 이불(포대기)로 만들어 그 위에 아기를 재웠고 경우에 따라, 포대기로 둘러싸서 아이를 업고 일상생활 했다. 1970년대 이후에는 이른바 '처녀포대기'라는 명칭으로 천연색이 들어간 천에 스펀지를 넣고 누벼서 제법 곱게 만든 포대기로 아이를 감싸 업고 다녔다. 1980년대 이후에는 점차 포대기가 사라져 이 시대 젊은 친구들은 포대기가 무엇인지 알지 못하는 사람들이 많을 것이다.

하지만 2000년대 이후부터는 포대기가 두툼한 패딩 점퍼로 변하여 소위 겨울철 외출복인 Outdoor(아웃도어)를 대표하는 두꺼운 옷으로 변해 불러지기 시작했다. 영어에서 정확한 의미는 안에 '심'이 들어 있는 것을 말하며 심이란 볼펜심처럼 옷속에 헌솜, 털, 짚 등이 들어있는 것을 뜻한다. 이는 우리 고대인들이 사용하던 포대기와 일치하며 아주 오랜 옛날에는 아이들을 키우는데 에만 포대기를 사용한 것이 아니라, 어른들도 추운 겨울철, 밖에 나갈 때는 그런 것을 둘러쓰고 다녔다. 뿐만 아니라 짐승의 털이나 거적때기도 쓰고 다녔다는 것은 옛날 사극이나 영화를 보면 거지들이 짚으로 짠 거적을 두르고 있는 장면들을 볼 수 있을 것이다.

❚❙ Hot Pants(핫 팬티): 핫바지 (따듯한 바지)

우리나라 사람들에게 핫 팬티가 무슨 뜻이냐고 물으면 거의 모두가 짧은 반바지라고 대답한다. 이는 아주 잘못된 인식이다. 영어로 짧은 바지는 Short pants(숏 팬티)라고 해야 맞는다. 굳이 억지로라도 뜻을 부친다면 뜨거운 여름철에 입는 반바지란 의미로 핫 팬티라, 불렀다고 할 수는 있을 것이다. 우리 고대인들은 추운 겨울에 반드시 '핫바지'를 입었다. 아마도 초기의 핫바지는 오늘날 추운계절에 인기 있는 Padding(패딩)처럼 겉껍데기 안에 짐승의 털이나 짚북데기를 넣은 것으로 좀, 촌스럽고 거추장스런 핫바지를 만들어 입었을 것이다.

그래서 사람들은 촌스런 차림이나, 무식한 사람들을 보면 촌놈이란 표현을 자주 쓴다. 결론은 우리 핫바지가 영어였음을 확인해준 게 핫 팬티다. 우리말 '바지'는 영어로 Pants(팬티)라고 한다. 그것도 영어사전에는 분명히 따뜻한 팬티라고 적어놓고 있다. 이 또한 영어가 우리말을 가져다 쓰고 있는 것이다. 하지만 우리나라 사람들은 팬티를 바지 속에 입는 속옷으로 알고 있는데 그것은 영국에서의 해석이기는 하다. 영어에서는 바지를 Pants or Trousers(팬티 또는 트라우저)라고 밝히고 있다. 'Trouser(트라우저)'는 좀 현대적인 바지이고 Pants(팬티)는 구시대의 따뜻한 바지를 의미한다. 따라서 팬티 또한 우리말 바지에서 변형된 영어다.

▮ **Bag(백): 가방, 가마니, 자루**

'백 가방'이란 말을 쓰는 이가 더러 있다. 이 말은 백과 가방은 같다는 의미로 두 명사를 합쳐 외운 데서 유래한 말이라는 것쯤은 거의 모든 사람들이 알고 있을 것이다. 혹시 잘 모르는 사람들은 백에 가방을 붙여야 완전한 명사인 줄 착각하는 사람도 있을지 모르겠다. '자루'와 '가마니'는 우리말에서도 다른 종류인데 그 이유는 우리가 혼합 민족이기 때문에 어떤 종족은 백을 '가방' 또는 '가마니'라고 부르고 또 다른 민족은 '자루', '부대'라고 부르는 등 같은 물건에 여러 명사들이 붙어 있을 것으로 생각 된다. 하지만 영어에선 '자루'와 '부대'는 백(Bag)이 아니라, Sack(색)으로 구분하여 부르고 있지만 두 가지 모두 백이라고 불러도 의미 전달은 충분하다.

▮ **Bundle(번들): 보퉁이, 보따리, 묶음, 짐**

우리는 보따리란 말을 잘 쓴다. 영어에서는 번들이라고 하는데 옛날에는 '분들리' 또는 '번들리'라고 했어도 아주 터무니없는 발음은 아니었을 것이다. 따라서 우리의 보따리도 고대엔 '보퉁'이였는지 '번들리'였는지 알 수 없으며 이 또한 우리말이 영어로 변형된 것으로 본다.

▮ **Package(패키지): 바가지, 짐 꾸러미**

바가지 하면 순수하게 식물성 열매를 채취해 그릇으로 만들어 사용하던 것으로 생각하기 쉬우나 언제부터 우리 민족에게 그 바가지씨앗이(박씨) 전해 졌는지는 알 길이 없다. 따라서 박이 우리나라에 전해지기 이전에도 바가지란 말을 썼을 것이다.

그것은 꾸러미를 의미했을 수도 있고 어쩌면 됫박 개념은 아니었을까도 생각 된다. 어쨌든 이 또한 우리말이 영어로 변형된 것으로 본다.

▮❙ Jar(자): 독아지, 옹기, 도기, 독

우리나라 각 지방에 따라 다르기는 하지만 도기를 가리켜 '자배기'라고 하며 더러는 '물자배기'로도 불린다. 자배기를 영어로 검색하면 다음과 같은 설명이 나온다. 'A deep round pottery bowl(어 딥 라운드 포테리 볼) 둥글게 움푹 패 인 도자기 그릇'이다. 'Pottery(포테리)'란 자배기이며 동시에 우리 고대어 '바텡이' 즉, 도기를 말하는 것이다. 지금은 바텡이라고 부르는 사람들이 거의 없으나, 적어도 1960년대만 해도, 장독을 장바텡이라고 부르는 사람들이 꽤 있었다.

'Jar(자)'는 우리말 자배기에서 변형되었다. 白瓷(백자) 또는 青瓷(청자)등 도 사실은 영어의 Jar(자)와 우리말 자배기에 백과 청을 붙인 것이다. 영어의 정확한 뜻은 Porcelain(포슬레인)으로서 우리말 오지그릇을 뜻한다. 이와 같은 여러 사례를 통해 우리 고대인이 사용하던 말이 영어가 되었다는 것은 의심할 여지가 없다. 하지만 믿으려 하지 않는 사람들은 있을 것이다. 왜냐하면 주변 사람들에게 물어 봤으나, 대부분은 그럴 리가 있느냐며 황당하다는 표정이었다. 아니 어떤 사람들은 우리가 영어를 따라하느라 변형된 것이라고 핀잔하는 이도 있다. 우리는 무조건 우리문화를 형편없는 것으로 경시하는 잘못된 버릇으로 스스로를 무시하는 데서 비롯된 편견이다.

영어권 역사가 불과 몇 백 년밖에 안 된다. 따라서 우리나라에 유행으로 번진 것은 채 백년도 안 되는 언어다. 그런데도 단기로 4천3백 년이 넘고 환인시대로 거슬러 올라가면 9천 년이 넘도록 우리 민족이 사용해 온 자신들의 말을 불과 수십 년 내외에 유행해 온 영어를 우리가 변형하여 흉내 내고 있을 것이라 생각하는 자체가 참으로 안타깝다. 하지만 이 책에서 제기하는 영어단어들을 꼼꼼히 살펴본다면 우연의 일치였거나 우리가 영어를 따라간 변형이 아님을 발견하게 될 것이다. 그렇지만 우리나라 사람 특징은 자신이 아니라고 생각하면 어떤 논리를 들이대도 아예 들어보려 하기조차도 않으려 한다는 것이다. 그런 특성은 나이가 많거나 학력이 낮을수록 더욱 심하며 또한 문제를 제시하는 사람이 유학을 했거나 유명대학의 교수 또는 석학이 아니라면 더욱더 깔보며 네가 뭘 알겠느냐는 투로 배척하는 경향이 있어 진실을 전달하기가 매우 어렵다.

▮ Nomadically=Nomade way(노마디콜리=노마드웨이): 즉, 초원의 길
실크로드는 유목민의 길, 다시 말하면 자연적인 초원의 길, Woods(우드) 길 Forest(포레스트) 길, 풀숲의 길이라고도 할 수 있다.

몽골리안들이 영어를 사용했으리라는 일말의 추정도 불가능했기 때문에 구전되는 우리 조상들 발음대로 Nomad(노마드)로 불리는 것을 역사학자들이 그냥 알파벳으로 옮겨 적은 것으로 본다. 노마드 자체로서는 유랑의 길이라든가, 초원의 길이란 뜻이 나올 수 없다. 이는 영어를 대입해야만 No made(노 매이드)

즉, 만들지 않은 자연적인 원시상태를 의미한다. 그렇다면 cally(콜리)는 무슨 뜻일까? Call(콜)에 부사 Y(와이)를 붙여 부르게 되었다던가 하는 뜻이 아니다. Cally(콜리)에는 영어에서도 아무런 뜻이 없다. 그냥 우리말의 '길'이라는 발음을 콜리로 변형시킨 것으로 짐작된다. 위에서 언급한 대로 우리 고대인들은 여러 부족으로 혼합되어 있었으며 토착민들 보다는 떠돌던 유목민들의 문화가 뛰어났던 것 같다. 그들은 말을 잘 다루는 종족으로서 개척정신이 투철하여 富(부)를 성취하기 위해 새로운 터전과 돈이 될 만한 물건들을 찾아 세계를 무대로 돌아다니던 용감한 방랑자적 商人(상인)들이었으며 동시에 유목민들의 특성을 가지고 있었던 것으로 짐작된다.

그런 맥락에서 우리 민족은 많은 수의 말을 몰고 초원지대로 나아갔다. 그렇게 정처 없이 오고가던 길이 오늘날 역사를 연구하는 사람들에 의해 실크로드라 불리는 초원의 길 Nomadically(노매이드콜리)이었다. 초원의 길을 오가며 지껄이던 고대인들 언어는 훗날 영어가 되었지만, 당시엔 그 실크로드가 정식 길로 명명되지도 않았었다. 누군가가 만들지도 않은 산간 오지였으며 그 험난한 길을 뚫고 용감한 우리 민족들이 맨 먼저 걸어 나아갔다. '노 매이드 길' 또는 '초원을 뜻하는 Woods(우드) 길'이라고 불렀을 것이다. 그 뜻을 몰랐던 후세 사람들은 어원도 모른 채 영문으로 옮겨 적으면서 우리 조상들이 발음하는 대로 알파벳을 끌어다 붙인 게 바로 Nomadically(노마디콜리)라고 썼을 것이다. 오늘날에도 그 뜻을 잘 모른 채 방랑자의 길 또는 유목민의 길이란 의미를 부여하고 있다. 실제로 그들이 몰고 다니던 말들은 오가는 도중에 새끼를 낳기도 하고 그 새끼가 커서 준마가 되면 용도를 벗어나는 말은 민가에 들러 식량과 바꾸기도 했을 것이다.

그렇게 유목민 겸 방랑자적 商人(상인)으로서 몇 달 또는 수년을 유랑하여 이 지구상의 동서를 연결한 실크로드에 주역이었던 셈이다. 당시의 교통수단은 주로 말이었다. 오늘날의 자동차 여행처럼 돈을 지불하고 기름을 넣는 게 아니라, 말은 풀만 먹이면 어디로 얼마를 가던 문제가 없었으므로 이동 경로에 풀이 있어야 했다. 그런 곳은 말먹이가 풍부한 산간 오지이어야만 가능하여 맹수들의 공격을 막아내고 도적들을 물리쳐야 하는 험난한 길이었다. 그래서 한두 사람만으로는 대륙횡단 여행이 불가하여 집단을 이루어 적당한 무장을 하고 어떤 난관도 대적할 수 있어야만 값나가는 짐을 실은 말 떼를 몰고 위험한 초원을 뚫고 오갈수가 있었다. 그렇게 가다가 해가 저물거나 말들이 지치면 들판에 Woods(우드)막 즉, 통나무로 막(오두막)을 짓고 충분히 쉬어가야 했다. 방심하면 공격해 오는 도적떼와 맹수의 습격을 물리치며 그야말로 용맹한 유랑민이 되어 돈이 될 만한 값나가는 물건들을 유통시킨 사람들이 바로 실크로드의 주역이었다.

▐ Only(온리): 오직, 단지, 그것뿐
이 단어도 아주 많이 쓰는 우리말 오직에서 온 영어로 본다.

｢ Before(비포어): 벌써, 앞전

Already(얼리디): 이미, 벌써

이 단어들은 우리말 '어러, 어허, 벌써' 등에서 변형된 영어로 본다. 우리들은 흔히 무엇인가, 자신도 모르게 이루어진 상황에 대하여 어러! 어허! 등 의문점에서 감탄사를 쓰는 경우가 있는데 Already(얼리디)가 그런 경우로 이미 무엇을 했다는 완성된 과거의 상태를 놀라워하는 경우에 사용하는 언어다.

｢ Same(샘): 같다, 그런 셈이다

반복하지만 종족 간에 소통을 위한 다른 언어들을 숙지하기 위해 Same(샘)은 '같음'의 뜻으로 그런 셈, 같은 셈 등등으로 외운 단어의 흔적이다. 이 또한 우리가 자주 쓰는 영어 단어이기도 하다.

｢ Under(언더): 밑, 언덕아래

이 단어도 우리말 '언덕아래'에서 변형된 영어로 본다.

｢ Meet See(밑 시): 맡선, 만나서 보다

우리는 고대로부터 만나 본다는 말을 사용해 왔다. 오늘날 미팅문화 또한 우리의 고대어에서 유래했다고 믿는다. 만나야 하는 대상은 친구일수도 있고 상업파트너 또는 고객일수도 있다.

｢ Seat(시트): 쉬다, 앉다, Free Seat(프리 시트)=편히 쉬어

앉으라는 것은 쉬라는 의미가 있다. 예를 들어 편히 앉으라는 말은 쉼을 의미한다. 물론 영어에서도 Rest(레스트)라는 단

어 하나로 쉬라는 의미를 다하는 것은 아니다. Take Rest(테이크 레스트)를 붙여야 완전한 쉼을 뜻한다. 따라서 우리말에도 Free Seat(프리 시트)라고 해야, 완전히 편히 쉬라는 뜻이 되며, 어쩌면 Free Seat(프리 시트)도 우리말 '편히 쉬어'가 변형된 것은 아닌지 생각된다.

■ Stand up(스탠드 업): 서다
이 말도 우리말 서다라는 말의 변형으로 본다.

■ Slip(슬립): 슬그머니, 미끄러지다
이 단어는 우리말 '슬그머니'에서 변형된 단어다.

■ Custom(커스톰): 觀習(관습), 보고 익힘
우리 고대어에서 工夫(공부)란 한자의 뜻을 보면 '工(장인 공)'과 '夫(사내 부)' 자다. 이는 글을 배워야하는 이유가 벼슬을 하는 게 목적이 아니라, 장인이 되는 것이다. 장인이란 사냥도 잘해야 하고 무엇이든 잘 만들어야 하는 게 공부였다는 의미다. 옛날에는 밖에서 하는 모든 일들을 주로 남자가 감당했으므로 당연히 사내 부 자를 썼다고 생각된다. 따라서 고대인들 공부는 학교에 가서가 아니라 부모나 어른들로부터 보고 익히는 관습이었다. 觀(볼 관) 習(익힐 습)이란 눈으로 보고 귀로 들어 익힌다는 의미다. 다른 측면에서 보면 Study(스터디)란 단어는 왠지 우리말이 아닐 것이란 생각이 든다. 만약 우리 고대인들이 스터디와 비슷한 단어를 사용한 사실이 없었다면 아마도 체계적으로 현대적인 학교 수업을 먼저 시작한 다른 나라 언어가 공부를 대표하는 영어 단어로 자리매김한 것은 아닐까 생각된다.

관습과 관련하여 웃지 못 할 이야기 하나가 떠오른다. 1970년대 이야기이다. 미군들이 주둔했던 지역의 어느 극장에서 껌팔이 하는 어린 소녀가 있었다. 그녀는 국민학교도 못 다녔으며 한글도 잘 몰랐다. 당시엔 지역 건달들이 주먹으로 세력권을 형성하여 해당지역 이권들을 장악하고 그들이 지배하는 관내에 있는 극장이나 버스터미널, 기차역 등에서 껌팔이 등을 독점했는데 이 소녀가 어떤 인연으로 그 지역 주먹 왕 껌팔이 사업자의 직원이 되어 해당지역 극장에서 상품이 담긴 목판을 목에 얽어 메고 극장객석 통로를 돌아다니며 "껌 있어요, 초콜릿 캐러멜."을 외치고 있었다. 그 지역은 미군들이 많아 극장에는 항상 외국영화를 상영했다. 같은 영화를 매회 보면서 영어 대화들이 점점 귀에 익었다. 영화 대사라는 게 장르에 따라 약간만 다를 뿐, 거의 비슷한 생활 용어라서 다른 영화로 바뀌어도 귀에 익은 영어 단어들이 되풀이되는 경우가 많았다. 그렇게 매일 같이 반복 되는 영화를 보면서 몇 달 또는 몇 년을 지나는 사이에 이 소녀는 영어를 알아듣게 되었다는 것이다.

영어를 알아듣고 이해하게 되자, 미군들에게 영어를 사용하기 시작했다. 점차 영어에 자신감이 생겨 미군들과 영어로 대화하다보니 극장에선 없어서 안 될, 통역원이 되어가고 있었다. 그 시절엔 이른바 양공주라는 매춘부가 많았는데 그들은 포주가 데려다 주는 미군이 들어오면 옷이나 벗어주었을 뿐이었다. 그들은 영어를 하지 못해 말이 통하지 않아, 성관계 자동판매

기계와 같은 처지였다. 하지만 그 매춘부들에게도 어쩌다 인간적으로 대해주는 미군병사가 더러 있었고 그들에게 사랑을 느낄 때도 있었지만 언어가 통하지 않아서 진실한 밀어들을 고백할 수가 없었던 것이다. 그럴 즈음 이 껌팔이 소녀 영어실력이 그녀를 고용한 건달들에게 알려졌고 이로 인하여 건달들과 줄이 닿아있는 창녀들에게 전해져 껌팔이 소녀는 영화 상영이 없는 시간에 창녀들에게 불려가 영어를 가르쳤다고 한다.

당시 미군들은 제대하여 본국으로 돌아가는 경우가 종종 있었는데 제대하기 전에 성관계를 가졌던 인연으로 창녀들과 편지 왕래하는 미군들이 있었다. 그런데 미국인들이 휘갈겨 쓴 영문편지를 읽기도 쉽지 않지만, 사전을 찾아가면서 읽는다 해도 숙어 등이 많아 그 뜻을 정확히 알 수 없었다. 이럴 때마다 껌팔이 소녀가 불려갔다. 그 소녀는 영어를 전혀 읽지 못하기 때문에 창녀들이 영문편지를 읽어주면 이를 듣고 해석해주는 방법으로 그들의 통역원이 되었다. 답장을 쓸 때도 창녀들이 하고 싶은 한국말을 불러주면 그 소녀가 미국말로 바꿔주는 대로 받아쓰기만 하면 되는 아주 훌륭한 통역원 노릇을 했다. 그 소녀는 껌팔이 중 얻어들은 영어 학습과 함께 성장하여 훗날 미군병사와 열렬한 연애를 했고, 미군 병사와 국제 결혼하여 미국으로 떠났다고 한다.

우리들이 살아가는 세상은 항상 많은 관계들과 부대끼게 된다. 그럼에도 많은 사람들이 자신에게 닥치는 어떤 기회가 유익하여 일생을 좌우할 수 있을 정도로 중요하다는 사실을 깨닫지 못한다. 다시 말하면 그런 기회를 정확히 포착하고 자신의 것으로 활용할 줄 아는 사람들이 성공하게 된다는 이야기다. 그런 의미에서 오늘 누군가가 우연한 기회에 이 책을 읽게 되었고 그게 동기가 되어 영어를 본격적으로 더 공부하여 우리 고대어와 영어 관계를 소상하게 밝혀 대한민국 위상을 더욱 높이고 젊은이들이 우리 고대인들에 장구한 역사와 개척정신으로부터 강인한 용기를 얻어 더욱 자신감을 갖고 세계를 개척하여 성공하는 사람들이 많기를 진심으로 바란다.

▐▌ Family(패밀리): 패, 가족패거리

이 말도 우리말 패거리에서 온 걸로 본다. 그리 멀지않은 몇 십 년 전으로 거슬러 올라가면 ○씨 패거리 또는 ○○형제 패거리, 또는 아이들 패거리 등 깡패, 왈패, 이 모두가 簰(큰떼 패)를 짓는 무리들을 일컫는 말이다. 우리가 소중히 여겨온 족보도 결국은 씨족패거리 번성만이 그들 조상 세력을 지킬 수 있었기에 씨족을 번성시키는데 목숨을 걸었던 우리 고대 사람들 가족패(가문)중시 풍조였다고 생각된다.

그런데 어느 분이 Family(패밀리)를 분석해 놓은 뜻을 보니, F는 Father를 의미하고 M은 Mother를 뜻하며 I는 me를 나타내고 L은 Love이고 Y는 You로서 이를 합치면 "아버지와 어머니 그리고 나와 사랑하는 당신"이란 뜻이 곧, 패밀리란 것이다. 물론, 영어에는 그런 뜻이 없다. 하지만 한국 사람으로 영어를 아주 그럴듯하게 해석했다는 생각이 든다. 하지만 나는 우리의 고대어가 영어로 변했다는 주장을 하는 사람이기 때문에 그 해석에 동의할 수 없으며 영어가 그렇게 정밀한 뜻으로 창제된 언어도 아니며 세계의 잡탕 語彙(어휘)들을 알파벳으로 바꿔놓은 것에 불과하다.

▌ Adult(어덜트): 어른, 성인

우리말 어른에서 변형된 영어로 본다.

▌ Senior(시니어): 손위어른, 선배

우리말 손윗사람 선배 또는 시어른에서 변형된 단어로 본다. 딱히 시어른을 칭하는 바, 없지만 한 가정의 며느리 입장에서 본다면 시부모보다 더 손위 사람은 있을 수 없다.

▌ Son(손): 손자, 아들

보통은 아들 손자를 일컫는 말이지만, 孫(손)이 많다던가, 귀하다는 말을 사용해 온 조상들 정서로 봐서, 아들을 포함하고 있다. 따라서 우리나라 사람들 자손에서 변형된 영어로 짐작되며 한자로 孫(자손 손) 자를 쓰고 있으므로 한자 번역에서 유래한 말이다.

▌ children(칠드렌): 철부지, 철들다

역시 우리말 '철들다'에서 유래한 단어의 변형으로 본다.

▌ daughter(도터=도러): 딸

우리말 '딸'에서 변형된 영어이다.

‖ neighborhood(네이버후드): 이웃

혼하게 쓰는 '이웃'이란 단어에서 변형된 영어다.

‖ Farm(팜): 밭, 목장

우리말 '밭'에서 변형된 영어다. 영어에서는 목장을 의미하지만 우리말에선 밭이란 단어로서 밭도 목장일 수 있는 이유로 목장엔 목초지가 있어야 한다. 아마도 우리가 밭이라 부르는 것을 알파벳으로 Farm(팜)이라고 적었을 것으로 본다.

‖ Filed pan(필드 팬): 벌판, Filed(벌), pan(팬)

우리말의 '○○벌', '○○들판'에서 유래한 영어이다.

‖ Surround filed(서라운드 필드): 신라의 서라벌 (웅장하게 둘러싸인 벌판)

제주도 삼군부리, 황산벌, 달구벌, 만주벌, 카불, 이스탄불 등이며 新羅(신라)또한 新(새 신) 자와, 羅(벌판 라) 자를 쓰고 있으므로 한문 이전에 순수 우리말로는 '새벌판'이다. 세계 각처의 지명 중에 불, 벌 자가 들어가는 곳은 거의가, 우리 고대인들이 거처했을 가능성이 많으며 그들에 의해 불러졌던 지명으로 '벌판' 즉, 사람들이 거처하던 필드를 일컫는 말이다. 서라벌 또한 토함산으로 빙 둘러싸인 벌판을 의미한다.

‖ God(갇): 하나님, 옥황상제, 절대 신

우리 조상은 스스로 桓因(환인)이라, 칭하면서 하느님에게 제사를 지내 왔다. 오늘날 중국이 동북공정이라며 요하지역을 발굴하여 세상에 들어내 놓는 紅山文化(홍산문화)권에서 하늘에 제사지내던 天祭壇(천제단)이 발견되었다. 환인시대엔 임금이 먼저 봉해진 것이 아니라, 제사장이 권력을 쥐고 있었다. 단군 또한 제사장이었다는 것은 익히 알려진 바이다. 따라서 제사장은 의례를 행할 때 天符印(천부인) 등으로 하느님께 고하는 뜻으로 祭禮儀式(제례의식)을 행했다. 제사장은 빨간 갓을 썼는데 갓은 곧 하늘과 소통하는 神格(신격) 의미를 가지게 되고 이를 통해 祭主(제주)로 인정받아 절대적 권위자로서 하나님과 소통하는 상징적 지위를 가진다. 그러므로 영어에서 하나님을 God(갇)이라 번역했다고 본다.

紅山文化(홍산문화)란 요하지역의 紅山(홍산)이란 지명을 붙여 홍산문화라 일컫는다. 하지만 우리나라 전국 각지에 산재하는 紅蘥門(홍살문) 문화와도 관련 있을 것으로 본다. '홍살문'을 세우는 이유는 효자가 나거나 열녀가 나도 세우며, 벼슬을 하여 가문을 빛내도 그 집안에 홍살문을 세운다.

紅蘥門(홍살문)이란 붉은 화살형상의 문을 의미한다. 기록상으로 홍살문을 사용하기시작 한 것은 周(주)나라 때로서 임금이 행차 할 때 행궁밖에 임시로 홍살문을 세우고 지방 유지나 관료들을 불러들여 면담하는 등 손님맞이 출입문으로 사용했다는 것이다. 그래서 홍산문화를 周禮(주례)로부터 유래했다고 전한다. 하지만 주나라는 과연 이 문화를 그들이 독창적으로 써왔느냐하는 의문이 있다. 또한 우리가 주나라 후손도 아닌데 왜, 그들의 풍속을 따르느냐하는 것 또한 의문이다.

그렇다면 주나라는 언제 어디서 창건하여 얼마나 존속한 나라인가? 주나라는 바로 紅山文化(홍산문화) 권역인 요하지역에 걸쳐있던 나라로서 기원전 1046년경에 창건하여 300여 년간 존속하다가 사라졌다. 2014년으로부터 약 3,060년 전의 나라인 셈이다. 그런데 사실상 우리 조상 유적으로 보는 홍산문화 권역의 유물 추정연대는 약 4천 년 또는 5천 년 전으로 거슬러 올라간다. 따라서 주나라에서 독창적으로 홍살문을 사용했다고 볼 수만은 없으며 우리 고대문화로부터 내려오던 홍살문화를 전수 받았을 가능성이 크다.

더욱이 우리나라에서의 홍살문은 단순한 임금 행차에 의례용으로 썼던 임시 출입문 개념의 문화가 아니라, 각 종족간의 세력 경쟁목적으로 열녀, 효자, 벼슬한 사람들을 기리기 위하여 홍살문을 세우고 가문을 뽐내는데 활용했다는 사실이다.

전국의 이름 있는 문중들 가문에서 아직도 그 사례를 어렵지 않게 찾을 수 있다. 이는 가문에서 제멋대로 세운 게 아니라, 임금으로부터 표창 형식으로 忠臣(충신), 孝子(효자), 烈女(열녀) 등의 해당 집 앞이나, 마을 앞 또는 宮殿(궁전), 官衙(관아), 書院(서원), 陵(능), 園(원), 廟(묘) 앞에 세워왔다.

홍살문의 다른 이름으로는 旌閭門(정려문), 旌門(정문), 綽楔門(작설문), 禱楔門(도설문), 紅門(홍문)이라고도 한다. 홍살문의 공통점은 두 개의 기둥을 세우고, 지붕은 없으며 뾰족한 살을 세우고 斜龍(사룡)을 얹고 붉은 단청을 하여 아주 신성시하는 상징으로 화살촉 형상을 세워 악귀들을 물리치는 위용으로 치장한다.

이와 같은 풍습은 신라 때부터 사용되어 왔다는 설과 고려 때부터 사용했다는 설들이 있으나, 이 풍습은 오늘날 중국 땅에 위치한 요하문명권 紅山(홍산)지역에 살았던 우리 선조들이 한반도로 이주하여 사용해 오던 풍습이 보편화 되자, 통치권의 임금들까지 관심을 갖게 되어 국왕이 격려의 글들 하사하거나, 致辭(치사)하는 통치행위로 고착화된 문화가 아닌가 한다.

▮ Thank Khan(탱크 칸): 감사하는 칸, 端君(단군) 옳은 임금
端(바르다, 옳다, 곧다, 바로잡다, 진실) 등의 뜻을 가지는 端(단) 字(자)로서 진실 되고 옳다는 뜻을 가진다. 아무런 의미도

없는 檀(박달나무 단)자보다는 더 어울릴 것 같다. 굳이 Thank (탱크)를 인용한 까닭은 당시의 군주는 제사장이었으므로 하늘에 감사하는 임금을 떠올리기 때문이다.

기존의 檀君(단군)은 Better earth(베터 어스)에서 변형된 "베더수" 또는 비슷한 발음을 박달나무로 해석한 것으로 본다. 만약 그런 게 아니라면 3천의 무리를 이끌고 하늘에서 왔다는 사람들이 박달나무 밑에 머물렀다는 자체가 말이 안 된다. 또한 壇(흙 단) 字(자)를 써서 제단을 의미하는 壇君(단군)으로 번역했다면 그럴 수도 있겠다 싶기는 하다. 그런데 박달나무를 의미하는 神檀樹(신단수)아래 도읍을 정했다는 설명과는 맞지 않다.

또한 Tengri Khan(텡그리 칸): 단군, 당골레, 巫堂(무당) Shaman (샤만) 같은 뜻으로 텡그리 칸을 檀君(단군)이란 한자로 번역했다는 것이다. 오늘날에도 텡그리 칸이 당골레로 변형되어 무당을 일컫는 말이라는 것이다. 고대 역사에서 텡그리는 하늘과 통하는 하느님의 제자와 같은 대우를 받았다는 것이다. 그 때문에 통치 권력을 행사하다가, 점차 왕정제도로 바뀌면서 신권이란 위상으로 왕과 권력을 나누어 가졌다는 것이다.

‖ Good(굿): 좋다는 뜻이다.

오늘날까지도 무당들이 행하는 굿이 실존하고 있다. 굿은 항상 무엇을 좋게 해달라는 간절한 기원으로 행하는 제사 의례다. 물론 옛날에도 텡그리에 제사 의례는 있어 왔다. 그 기원은 언제나 무엇이 좋아지기를 소원하는 의식이기 때문에 굿은 좋은 바람일 수밖에 없다. 따라서 우리 조상들은 종족 간 언어 소통을 위해 서로에 말을 붙여서 외웠는데 "좋군!" 등은 좋다와 Good(굿)은 같은 뜻이며 좋음은 곧 굿이라고 외운 것으로 본다.

12. 길가메시의 서사시

Gilgamesh(길가메시): 천지창조 서사시

우리 조상들은 비단을 판매하기 위한 목적으로만 실크로드를 통해 대륙을 횡단했던 것은 아니었을 것이다. 재산을 가지지 못한 사람, 또는 권력싸움에서 패한 사람, 무엇인가 사정에 의해 이 땅을 떠나고 싶은 사람은 상인을 통해 전해들은 서양 땅 신천지를 동경했을 것이다. 그들이 살던 시대에도 부패한 관리의 재물 착취나, 전쟁으로 인한 패전국이 되었을 때 노예로 끌려가야했던 처절함, 그리고 통치 집단의 과중한 세금 등에 시달린다면 그런 저런 여러 불만과 곤궁으로부터 탈출을 감행하여 실크로드를 오가는 큰 상단과 함께 신천지로 이주하기도 했다.

막상 피난민 집단을 이루어 처량한 신세로 만리타향을 찾아가는 길이 생각만큼 순탄치도 않았을 것이다. 그렇게 고단한 이주민들 중 일부는 나일 강을 따라 시나이반도 등지로 가기도 했다. 유럽대륙 또는 아메리카 대륙 등 세계 각처를 떠돌다가 자리를 잡았거나, 더러는 가다가 지쳐 죽기도 했을 것이다. 또한 더는 못가겠다며 적당한 초원에 움막을 짓고 좀 쉬어 갈 계획으로 머무르다가 여러 달 또는 해가 지나면서 아주 길가에

눌러 살게 된 경우도 있었을 것이다. 그런 사람들이 전 세계에 후손을 남겨 오늘날 멕시코에는 배달민족인 맥족이 정착한 지명을 "맥이곳"이라 부른데서 유래하여 멕시코란 국가를 대표할 도시명칭으로 변했다는 것이다. 이는 어느 역사학자의 논문 설 통해 밝혀지고 있다. 그 논문에 따르면 그곳엔 우리문화를 고스란히 간직하며 살아가는 부족들이 상당수 존재한다는 것이다.

길가메시도 바로 그렇게 우리나라를 떠난 조상들로 추정된다. 아마도 길가메시 가문도 신천지를 찾아가다가 갈대가 무성이 자라, 망망한 빈 벌판을 발견하고 더 이상은 못 가겠다며 그곳에 터 잡아 살아남은 사람일 것이라고 생각된다. 멀지않은 과거에 미국 등지로 이민을 떠난 사람들처럼 그렇게 과감히 이 땅을 떠나간 우리 조상들이 분명 있었던 것 같다. 그들은 자신들 정체성을 잃은 채 스스로를 가리켜 길가에 몇이 사는 사람들로 통했을 수도 있다. 세월이 지나고 후손들이 태어나면서 너의 들은 어떤 민족이었느냐고 묻는 이들에게 우리는 갈대밭이 무성하게 우거진 빈 벌판의 길가에 몇 집(길가메시)이 살고 있는 사람들이라고 자신들을 소개했을 지도 모른다. 그들 자손은 점차 번성하여 '갈대우르'라는 나라를 세워 그곳에 왕이 된 '길가메시'는 조상 대대로 전해오는 족보처럼 자신의 가계를 길가메시 가문이란 뜻으로 이름 지어졌을지도 모를 일이다. 어쩌면 그들은 구전되어왔을 조상 배달나라 천지창조 개벽 이야기를 신봉하며 살다가 서사시로 토판에 기록하여 무덤에 함께 묻었을 것으로 짐작된다. 또한 조상들이 겪었던 대홍수로 인하여 수많은 사람들이 죽어가는 천지개벽과도 같은 참상들을 봤던 사람들 기억을 전해 들으며 살았을 수도 있다.

어쨌든 그들이 우리들에 조상이라고 믿을 수밖에 없는 이유로서 길가메시라고 하는 단어엔 우리나라 사람이라면 흔히 말해 왔던 친근한 이웃처럼 길가 집이라는 시골 마을을 떠올리게 할뿐 아니라, '갈대우르'란 국가명칭의 유래에 있어 갈대가 무성한 곳을 갈대밭이라고 불러 온 우리말로 여기기 때문이다. 또한 갈대로 지붕을 덮었다는 움막형태의 그들 주거문화에서도 우리 조상들 중 일부임을 더 확실하게 짐작할 수 있다. 영어에서 갈대는 Reed(리드)라고 부른다. 그런데 분명 그 지명을 갈대우르라고 발음하고 있다. 갈대로 지붕을 덮어 움막을 건축한 실상까지 소개하는 그들 역사를 통해 더욱 우리 민족으로 볼 수밖에 없다. 특히 '길가메시 서사시'를 적은 토판은 약 3천여 년 전인데 비해 성경이 쓰여 진 시기는 약 2천여 년 전으로 1천여 년의 시간차가 있다. 그렇다면 9천여 년 역사를 가진 우리 민족의 천지개벽 이야기일 가능성이 더욱 많은 이유로서 그 내용이 우리가 어릴 때 들어 온 옛 이야기에서도 대홍수로 인류가 재앙을 당했다는 구전설화와 유사한 점들이 있다.

그리고 성경에서 말하는 아브라함이 60세가 되던 해에 갈대우르에서 이스라엘로 망명했다는 것이다. 그렇다면 아브라함이 알고 있던 모든 지식은 60세까지 살았던 갈대우르 길가메시경의 천지개벽 서사시일 수밖에 없다. 그 이유는 나이 60살에 타국으로 이민 간 아브라함이 언제 그 나라(이스라엘)의 글자와 역사를 공부하여 구약성서 기록 논리들을 터득했을까를, 유추한다면 우리 몽골리안의 신앙적 사상을 옮겨갔을 것이라 추측하게 된다. 따라서 길가메시의 서사시를 토대로 하는 갈대우르 신앙역사를 성경이 표절했을 개연성이 크다. 더욱이 성경에서 말하는 천지창조시기를 역산하면 그 연대가 약 6천여 년 전으로 해석한다는 데 반해 우리 역사는 9천여 년 전으로 추정하고 있다. 그러한 우리 조상들 중 일부가 이주해 간 것으로 보는 갈대우르 역사를 통해 그 나라 111대왕 길가메시의 서사시 속에 담긴 이야기들은 대홍수가 났던 시기로부터 더 가까운 시대에 살았던 사람들의 생생한 기억일 수 있다. 지구를 연구한 학자들 주장에 의하면 빙하기에 만년설이 녹아, 대홍수가 났던 것은 사실이었으며 그로 인해 엄청난 재앙을 입고도 살아난 사람들은 가히 천지개벽으로 받아 들였을 것이라고 한다.

☯ 길가메시 가문의 역사

수메르 왕들의 명부에 따르면 길가메시는 수메르어로 Bil ga mess(빌가메스)로 읽는 다는 것이다. 그는 28세기경부터 126년간 우르크 왕으로 재임했다. 수메르는 우리나라 역사에 등장하는 수미리국(소머리)과의 관계가 많이 있으며 수메르와 아리안 족은 우리 조상으로서 고대 사회에서 공존하여 살면서 종족 간에 세력 경쟁하다가 수메르 민족이 대거 이동해 갔다는 주장도 있다.

어느 글자로 기록되었던 간에 길가메시라는 발음은 우리말의 어원을 가진 것으로 짐작되며 그들이 신봉했던 천지개벽설의 뿌리에 해당하는 구전설화를 서사시로 적은 점토판 12개가 기원전 668년에 발견되었다.

점토판의 내용은 세상을 쓸어 덮는 커다란 홍수와 거대한 방주를 만들어 다수의 인류가 그 안에 타고 환란을 피한다는 요지로 성경에서 말하는 천지개벽설과 유사하며 우리나라 고대인들이 전해오는 천지개벽설과도 맥을 같이 한다. 그 점토판은 기원전 650년경의 것으로서 아시리아 니네베에서 발견되어 영국 런던 박물관에 전시되어 있고 기원전 300년경에 발견된 수메르어 점토판은 분실된 상태라고 한다.

성경에서 말하는 천지개벽 이야기는 사악해진 인간들을 벌주기 위해 신이 대홍수를 일으킨다는 요지이나, 길가메시의 서사시에서 말하는 대홍수는 사람들이 너무 많아 소란스러워 인간들을 벌주려는 목적이었다는 것이다. 두 설화의 공통점은 인간이 너무 많아 타락해진다는 것이며 인간의 수를 조절해야 할 필요에 의하여 천지개벽을 일으켰다는 것이다.

설화의 공통점은 거의 같으나, 다만 기록시기만 다를 뿐이다. 길가메시의 서사시는 기원전 650년경에 발견되었고 성경의 작성 시기는 서기 2천여 년 전에 기록되었다는 차이가 있다. 사학자들 견해에 따르면 성경이 쓰여 지기 대략 1천 년 전에 서사시가 기록되었다는 것이다. 하지만 어차피 기독교 신자들은 이를 인정치 않을 것이므로 중요한 것은 아니다.

그보다는 어찌하여 성경이나 길가메시 서사시 모두가 대홍수로 인한 천지개벽설을 주장하고 있느냐이다. 특히 우리도 고대로부터 천지개벽설을 口傳說話(구전설화)로 들어 왔기 때문에 관심을 가질 수밖에 없다. 그렇다면 진짜로 천지개벽에 준하는 대홍수가 있었던 것은 아닐까? 결론부터 말하자면 대홍수는 실제로 있었다고 한다. 대홍수의 실체는 대략 몇 가지로 나눌 수 있다.

*첫째로 기후변화에 의한 큰 장마로부터의 대홍수를 들 수 있다.
*둘째로 바다로부터 지진에 의한 해일 홍수를 들 수 있다.
*셋째로 지구 온난화로부터 빙산이 녹아내리는 것이다.

첫째로 기후 이변에 의한 가뭄과 장마를 들 수 있다. 전해오는 구전설화에 의하면 3년간의 가뭄설도 있고 석 달 열흘(100일)간 장대비가 내렸다는 내용도 있다. 그런 사례들은 구전설화에만 회자되는 사건이 아니라, 오늘날도 이 지구상의 아프리카 지역에는 가뭄에 의해 수년간 농사를 포기하고 심지어는 먹을 물도 없어 굶어죽는 사례가 있다. 우리나라도 그들을 돕기 위해 모금운동까지 벌이고 있을 뿐만 아니라, 우리나라 안에서도 건듯하면 가뭄이 들어 주민들이 고통을 겪는 일이 빈번하다. 이 시대엔 과학문명이 발달하여 웬만한 가뭄에도 불구하고 지하수를 뽑아 농사를 짓고, 먼 곳에 있는 저수지나 강물을 끌어다가 농사를 짓기도 하지만 그 옛날이라면 사정이 달라진다.

불과 100여 년 전만해도 단기간의 가뭄에조차 농작물이 타 죽고 먹을 물이 없어 찌들어 오염된 물을 마셔야했다. 그 때문에 전염병이 발생하여 사람들이 떼죽음을 당하는 끔찍한 사건들은 되풀이 되어 왔다. 오늘날은 상수도 시설이 발달했으며 그것조차도 없는 곳엔 차량 등 장비를 동원하여 물을 실어 나르는 등 문명의 이기들을 이용하여 상당한 가뭄의 목마름을 극복하지만 불과 몇 십여 년 전만해도 엄청난 재앙이었다는 사실이다.

둘째로 이 세 가닥의 대홍수 중 우리가 익히 아는 물난리는 2011년 3월 11일 발생한 일본의 후쿠시마 제1원자력발전소 쓰나미 사건을 들 수 있을 것이다. 이 지구의 탄생 이래 여러 곳에서 여러 번의 크고 작은 지진이 일어났다. 그 여파로 인하여 해일이 발생하여 사람이 죽거나, 재산이 떠내려가는 사고가 발생했다. 아직도 우리들 기억에 생생한 인도차이나 지역에서 발생한 쓰나미로 인하여 우리나라 관광객을 비롯한 여러 나라 사람들이 희생된 사건도 있다. 통신 기능이 없었던 옛날이라면 그런 사건들은 더욱 크게 부풀려져 공포의 대상이 되었을 것은 분명하며 엄청난 재앙으로서 이를 목격하거나, 전해들은 사람들에 의해 세상에 퍼져나가면서 계속 부풀려져 천지개벽 이야기를 점점 확대재생산 하면서 세월이 흐름에 따라 후세로 전해 내려 온 것이다.

셋째로 이유를 알 수 없는 강물의 범람으로 인한 물난리를 들 수 있다. 특히 나일강 범람을 들 수 있는데, 그 강물은 대륙을 횡단하는 긴 물 줄기이기 때문에 강물이 지나가는 지역에 따라서는 비도 오지 않고 가뭄이 계속되는 계절에 별안간 강물이 불어나 대지를 삼켜버린다면 하늘의 조화 말고는 달리 설명할 방법이 없다. 그런 연유에서인지 성경이 쓰인 아랍권을 무대로 노아의 방주 같은 천지개벽 형 물난리가 발생하여 세상을 심판한다는 신앙의 뿌리가 되어 왔고 피라미드를 비롯한 제천의식이 성행했던 것이라고도 여겨진다.

그렇다면 왜 비가 오지 않는데도 불구하고 강물이 불어났을까? 그 해답은 기후변화에 있었다. 우리가 살아가고 있는 지구는 약 45억년 역사 이래 여러 차례에 걸쳐 빙하기와 온난화가 되풀이 되었다는 것은 이미 과학적으로 밝혀진 바이다. 물론 빙하기엔 물난리가 없다. 그러나 빙하기에서 간빙기를 거쳐 지구의 온난화로 접어들 때 끔찍한 물난리가 오는 것이다. 따라서 그 원인은 북극지방의 빙산이 녹아내리는 데 있었다. 그런데 여기서 좀 이상한 게 있다. 아무리 지구가 온난화 되어간다 해도 어느 날 갑자기 지구 온도가 급상승하여 빙산이 한꺼번에 녹아내리는 급격한 기후변화는 없었을 것이기 때문이다.

기후변화는 여러 해에 걸쳐 온도가 매년 조금씩 상승하여 극지방의 얼음도 서서히 녹는다면 장기간에 걸쳐 강물도 서서히 불어나거나, 아예 그 정도를 알기 어렵게 자연적으로 지나갈 것이다. 서서히 해수면이 높아지는 문제 이외는 별로 위협적이지 않을 텐데 어째서 노아의 방주를 만들어 그것을 타야만 살아남을 수 있을 정도의 엄청난 홍수가 일어날까?라는 의문이 남는다. 그런데 이 문제는 아주 간단한 이유에서 시작되었다. 북극지방에도 거대한 산맥들은 있었을 것이다. 그 산맥이 삼각형 또는 사각, 이상으로 빙 둘러 서있는 곳도 있다. 그 안의 넓이는 특정 나라의 면적만큼 크거나 또는 한 대륙의 크기에 비례하는 곳도 있을 것이다.

빙하기로 접어 들 때 거대한 울타리처럼 둘레로 늘어선 산과 산 사이 지형에 눈이 계속 내려 십 년, 백 년, 천 년, 수십만 년간 진행되다보면 온통 눈으로 덮여져 대평원으로 변한다는 것이다. 그렇게 되면 원래의 산이 있던 정상부분에 쏟아지는 눈은 바람에 날려 골자기로 메워지고 산은 그대로 들어나 있다가 만년설에 의해 완전히 뒤덮여진 뒤엔 둘레에 늘어서 있는 산과 비어있던 골자기에 해당하는 어느 한 면도 구분할 수 없을 정도로 대설원 평야가 되어서 자연스레 사방이 막혀버린 분지형태가 된다. 그 안의 밑바닥에 있던 얼음들은 지열에 의해 서서히 녹아 수천억 톤의 물이 고이게 되지만 위에는 얼음과 눈으로 덮여져 거대한 저수지가 되어 원자폭탄의 위력을 비웃을 정도에 물폭탄 위력으로 잠겨 있게 된다는 것이다.

따라서 간빙기가 도래하면 산은 그대로 산이지만 비어있던 한 면의 저수지 '둑' 역할을 하던 얼음들은 서서히 녹아 저수량의 압력을 감당하지 못할 정도로 얼음 층이 얇아지면 둑을 대신하던 얼음이 붕괴되어 어마어마한 물 폭탄으로 변하여 강이든 육지이든 낮은 곳으로 흘러 대지를 쓸어 덮어버린다는 것이다. 그토록 아름답고 유명하다는 미국의 Grand Canyon(그랜드캐넌)도 이런 물폭탄에 의해 생겨난 거대한 계곡이라는 것이다. 미국 서부의 애리조나 주의 북부 콜로라도 강으로 이어지는 그랜드 캐넌은 깊은 곳이 무려 1,600미터나 패였고 넓은 곳은 30km가 되는 곳도 있을 정도로 거대한 계곡이라는 것이다. 빙하가 녹을 때 발생하는 물 폭탄은 우리가 상상할 수 없는 재앙이 되기도 하여 고대인들에게 있어 이런 물난리가 닥친다면 그것은 하늘의 뜻 말고는 달리 설명할 수 없었을 것이다.

관련하여 미국을 비롯한 캐나다 등 북극 인접 국가들로 구성된 지질학자들은 각국의 지원을 받아 북극지방에서 물폭탄 저수지를 탐험하고 있으며 인공위성에서도 탐사장비를 이용하여 북극의 설원 속에 숨어있는 거대한 저수조 형 물폭탄을 찾아내어 계속 관찰하고 있으며 언제고 온난화가 심해져 저수조 역할을 하던 얼음 층에 붕괴위험이 감지되면 현대장비를 동원하여 빙벽을 뚫고 가두어진 물을 서서히 빼내어 닥칠지도 모르는 천지개벽 형 물난리를 방지하는 데 노력을 쏟아 붙고 있다. 오늘날은 실제로 미국 알래스카나 캐나다 연접지역에 그런 조짐이 있는 물폭탄 저수조를 찾아내어 수압을 줄이고 있다는 것이다.

ılı 역사 유적 발굴을 통해 들어난 갈대우르

미국 뉴욕타임스 1929년 3월 17일자에 의하면 갈대우르에서 새로운 아브라함을 발견했다며 대서특필했다. 그 요지는 아브라함이 유목민이 아니라, 도시의 창시자였다는 것이다. 고고학적 발굴을 통해 성경기록을 확인하고 싶었던 종교가 들은 세계 경제 대공황기였던 1929년 당시 고단한 삶을 견디어가던 사람들에게 기독교를 통해 구원받을 희망을 주고 싶어서인지, 갈대우르 유적 발굴 상황을 대대적으로 언론을 동원하여 기독교를 선전했다. 그 때문인지 기독교 신자들은 더욱 관심이 높았다. 왜냐하면 1930년대엔 엄청난 빈곤으로부터 전 세계가 기아현상에 고통 받고 있었기 때문이다. 그때까지 성경 논리는 아브라함이 아주 가난한 양치기로 가나안 땅 여기저기 떠돌아다니느라, 텐트를 옮겨가며 고통스레 살아가던 선지자 정도로 묘사 되어 그가 고난을 이겨내고 훗날 하느님으로부터 구원받은 참 신앙인으로서 하늘의 선택을 받았다고 믿었다. 그래서 빈민 신자들에 흠모의 대상으로 삼아 경제공황기의 고단한 삶을 이겨나가려는 신앙인들에 희망으로 여겼기 때문이었을 것이다.

그런데 새로 발견한 아브라함은 가난한 떠돌이 유목민이 아니라, 원래는 그의 고향 갈대우르에서 당대 최고로 발전한 대도

시 문명의 율법과 도덕사항, 그리고 무엇보다도 중요한 것은 기독교 사상의 근간이기도 한 하느님의 심판을 상징하는 천지창개벽론 등 대홍수에 관한 자료들을 가지고 가나안 땅으로 들어와 이스라엘 민족들을 가르쳤다는 요지이다. 그렇다면 그는 가난한 빈민이 아니라, 상당한 부자로서 이스라엘 땅에 새로운 왕국을 건설하려 했을지도 모를 일이다. 이 엄청난 사실을 전해들은 기독교 지도자들은 충격적이었을 것이다. 하지만 일반 신도들은 무슨 내용인지 잘 알지 못하는 논리이기에 그냥 지나쳤지만 기독교 지도자들은 끊임없는 연구를 거듭하여 오히려 이 고고학 발굴을 통해 성경의 내용이 사실로 밝혀졌다는 논리로 왜곡 변형시켜 유명 목사님들의 설교에 오늘날까지도 인용되고 있다.

이를 발견한 L.woolley(올리)는 1880년생으로 영국에서 태어나, 옥스퍼드 대학에서 신학을 전공한 후 진로를 고고학으로 바꿔 대학 박물관에 근무하면서 고고학을 연구했다. 그는 아라비아의 T.E. Lawfence(로펜스)와 함께 시리아의 중심도시를 발굴하여 이 사실들을 발견하여 고고학자로 발돋움했다. 그는 아브라함의 고향으로 알려진 우르를 발굴하기 위해 대영박물관과 미국 펜실베니아 대학에서 1922년부터 장장 12년간이나 후원을 받았다. 실제로 올리는 갈대우르 유적에서 기원전 2천 년 전경에 건설된 것으로 보이는 바빌로니아 시대의 대형건물을 발견했다. 그것을 아브라함의 집으로 추정된다고 발표했다. 이로써 울리는 성서고고학사에 중대한 획을 긋는 세계적인 학자로 명성을 얻게 되었다.

갈대우르 발굴은 1850년부터 영국 고고학자들에 의해 메소포타미아 남부의 평야지대 한가운데 있던 무너진 지구라트의 벽돌 사이에 역청이 삽입되어 있는 것을 중시하여 발굴 대상으로 삼았다. 하지만 여러 사정으로 발굴을 미루어 오다가, 쐐기문자 해독 전문가인 영국 H.Rawlinson(로린슨)의 부탁을 받아, 이라크 주재 영국대사 테일러가 1856년에 지구라트를 조사하다가 기원전 6세기경 바빌로니아 마지막 왕인 나보니두스에 관한 기록을 발견했다. 그 기록에 의하면 나보니두스 자신이 갈대우르의 지구라트를 관리했을 뿐만 아니라, 훼손된 부분을 보수도 했으며 증설도 했다고 되어 있어서 이곳을 조사하다가 아브라함의 고향 갈대우르라는 사실을 밝혀냈다는 것이다.

하지만 그때는 영국 정부가 메소포타미아 북쪽의 아시리아 궁전을 발굴하고 있던 시기라서 다른 곳을 신경 쓸 겨를이 없었다. 그 후 1차 세계대전이 발발하여 영국이 메소포타미아를 점령한 후 1922년부터 본격적으로 발굴을 시작했던 것이다. 그 결과 갈대우르의 지구라트는 기원전 2100년경에 건설된 것으로 밝혀졌다. 또한 이제껏 발견된 유적들 중에 가장 완벽하게 보전된 것으로 확인되었다는 것이다. 축조 목적은 갈대우르 제111대왕이 도시의 수호신인 Nanna(난나)를 모실 신전으로서 도시가 훤히 내려다보이는 신전을 높은 곳에 세워 왕권을 과시하고 국력의 위용을 자랑하고 싶어 거대하게 건설한 것으로 판단되었다.

이 지구라트는 무덤 축조형식이 아니라, 신전을 짓기 위한 기초개념의 받침대 목적으로 건설된 것이며 건설기법은 이집트의 피라미트 축조방식과 같은 것이다. 특히 이 신전의 영구지탱을 꾀하는 방법으로써 산화성 붕괴를 막기 위해 약한 재질을 보강할 목적으로 흙벽돌에 역청을 사이사이에 깔았고 취약한 부분엔 갈대를 엮어 매트리스로 만들어 규격에 맞게 끼워 넣는 치밀한 방법으로 정교하게 건설한 특유의 토목기법을 사용하기도 했다.

고고학자 울리는 갈대우르 지하묘지에서 고대무덤 군을 무려 1,850여 기나 발굴했다. 처음 발굴할 땐 거의가 서민대중 공동묘지 수준이라서 부장품은 빈약했다. 하지만 계속되던 발굴을 통해 왕릉 규모의 무덤을 무려 16기나 찾아냈으며 그것을 가리켜 '왕들의 무덤'이라는 특별 제목을 부쳤다. 그 이유는 무덤 16기에서 쏟아지는 부장품들이 특별한 황금 장식들과 화려한 보석들이 마구 쏟아져 나왔기 때문이다. 조사를 거듭해본 결과 무덤의 주인들은 기원전 2600년에서부터 100년간 통치한 왕 또는 왕족들의 무덤으로 추정되는 곳에서 상상하지 못했던 많은 보물이 출토되었다. 특히 왕릉으로 판단되는 한 무덤에서는 수십여 구의 유골이 무더기로 출토되어 순장 제도를 채택하는 동양의 매장 풍습처럼 왕이 죽었을 때 많은 종속들을 산채로 묻는 풍습을 따르는 전통이 행해지는 민족이었을 것이라 판단했다.

이 뿐만이 아니다. 한 무덤에선 사용하던 '도장'이 출토되어 이것을 분석해 본 결과 왕비로 추정되는 Pu-Abi(푸 아비)의 무덤으로부터 라피스, 라줄리. 카넬리안 등 황금과 보석으로 장식

된 머리핀 형태의 Accessories(액세서리)종류들이 나왔다. 또한 가축모양의 여러 종류 '하프'가 출토되었으며 이는 역사 이래 최초로 발견된 고대사회의 귀중품들이었다.

울리는 천지개벽 흔적을 찾기 위해 무려 16m를 더 파내려가 2단계에 걸쳐있던 주거지를 발견했다. 많은 학자들이 1단계 주거지인 12m정도 이하로는 주거지가 더 나올 가능성이 없다고 했다. 그러나 울리교수는 반대를 무시하고 4m를 더 파들어가 16m 지점에서 대홍수로 뒤덮어져 있는 주거지를 찾아 낸 것이다. 물론 딱히 천지개벽으로 매몰된 주거지라는 증거는 없다. 하지만 정황상 4m 가량이나 진흙층으로 뒤덮인 지하층과 그 위로 12m를 더 뒤덮여있던 2단계 주거지가 있을 수 있는가라는 의문에서 해답은 대홍수에 의해 매몰되었을 가능성으로 결론을 내렸다.

☯ 결론

갈대우르 개국세력들이 실크로드를 통해 흘러갔던 우리 민족일 가능성을 제기한다. 그 이유로써 아래와 같은 정황들을 참고하여 우리 민족일 것이라고 믿는다.

* '갈대'라는 풀은 우리나라에서 부르는 갯벌 인접초원의 '명사'이다.
* 갈대우르 왕의 무덤에서 출토된 유물들.

(1) 도장(인장)

도장은 우리 조상들이 사용하던 인증표식으로서 중국 요하 문명권 고분 발굴에서도 출토된바 있다.

(2) Harp(하프)

하프는 발굴자가 영국인이므로 영문이름으로 하프라 했지만 동양에서의 이름은 '거문고'이다.

(3) 순장제도

순장제도는 동양에서부터 서양으로 전해진 것으로 본다면 갈대우르를 통해 전해졌을 가능성이 크다.

* 길가메시: 길가 집을 칭하는 우리나라에서의 이웃집을 연상한다.
* 갈대우르 백성들은 우리나라와 같은 동양계 인종으로서 검은 머리칼이었으며 그들은 검은 머리칼을 자랑으로 여겼다는 사실이다.
* 갈대우르는 국제상단의 집결지였으며 당시의 국제상단은 실크로드 주역일 수밖에 없다.

위 사실들을 종합해 볼 때 갈대우르 조상들은 배달민족일 가능성이 아주 크다.

⸬ Accusation(억쿠세이션): 억울하다, 고소하다

법적으로든 사회적으로든 억울한 일을 당하면 고소하는 경우도 있고 누군가에게 하소연하게 된다. 그런 抑鬱(억울)함을 나타내는 단어로서 무슨 抑何心情(억하심정)에서인지 모르겠다는

투로 속상해 하는 표현에서 변형된 영어로 본다.

▌▍ Punish(펀이쉬): 벌, 응징하다

벌을 주다. Penalty(페널티)라는 단어 또한 처벌을 의미하는 뜻으로서 우리말 罰(벌)에서 변형된 영어로 본다.

▌▍ Fault(파울): 허물, 잘못

무엇인가 잘못을 저질렀을 때 허물에서 변형된 영어로 본다.

▌▍ Error(에라): 잘못, 과실

연세 드신 분들 중 누군가가 잘못을 저지르면 "에라! 이 녀석아!"라는 말을 잘 쓴다. '에라'라는 말은 무엇인가 잘못한 사람을 가리켜 비하하는 투의 책망 뜻으로 "에라, 이 사람아."라고 말한다. 이 또한 우리말이 영어로 변한 것으로 본다.

▌▍ Guard(가드): 가둠, 감시

'가드'란 우리 고대어로 가둠을 의미한다. 아주 옛날엔 정식으로 감옥이 없었을 것이다. 적당히 가두는 것으로 벌을 대신하거나, 죄질이 아주 나쁘면 사형을 시키는 경우도 있을 것이다. 양반가에서 부리는 상민(종놈)들이 잘못하면 몇 날씩 광안에 가두는 것으로 벌을 주곤 했다. 관련하여 가드는 우리 고대어 가둠을 변형한 영어로 본다.

▌▍ Prison(프리즌): 捕擄(포로), 감옥

영어에선 監獄(감옥)을 Prison(프리즌)이라 부른다. '프리즌'은 미국에서의 감옥이고 'Jail(자일)'은 영국에서의 감옥이다. 그런데 재미있는 것은 우리말엔 감옥에 가둔다는 말을 쓴다. 우리 고대어 가둠의 뜻은 영어로 가드와 같다. Guard(가드)란 영어 뜻은, 가둠, 감시, 보호 등 사실상 감옥의 기능을 가지고 있는데도 감옥에 가둔다는 말은 동일한 의미를 가지는데도 두 단어를 함께 쓰는 것은 아마도 漢字(한자)가 들어오면서 일 것으로 추측한다.

사실! Prison(프리존)은 꼼꼼히 따져보면 '포로'를 뜻한다. 물론 감옥도 되지만, 포로가 더 가까운 뜻이다. 따라서 프리존 또한 우리말 捕虜(포로)에서 변형된 영어로서 漢字文化(한자문화) 이후에 새로 만들어진 단어로 보는 이유가 미국이 탄생한 게 1620년 이후로서 1백 년간은 영국식민통치시대이고 독립된 미국역사는 2014년 4월을 기준으로 불과 2백9십3년 4개월째이다. 따라서 프리존은 우리말 '포로'에서 변형된 영어로 보는 것이다.

▐▌ Jail(자일): 감옥

우리는 죄질이 나쁜 사람을 보면 감옥에 쳐 넣는다는 말을 쓴다. 監獄(감옥)이란 Prison(프리존)과 Jail(자일)이라고 부른다. 프리존은 미국계의 감옥이고 자일은 영국계 감옥이다. 그렇다면 영어의 종주국이 영국이란 점을 참고로 한다면 감옥을 Jail(자일)이라, 부른 것은 미국보다 더 오래 되었다는 점을 알 수 있다.

자일은 우리 고대 사람들이 '줄'로 부르던데 유래한다. 따라서 우리말 줄에서 변형된 영어로 짐작 된다. 우리는 줄을 밧줄이라 부르며 '줄'을 '바'라고도 부르는데 어째서 똑같은 의미인 줄을 밧줄(바줄)이라 부를까? 그 해답은 우리가 혼합 민족으로서 줄을 '바'라고 부르던 종족과 그냥 '줄'이라고 부르던 종족 간의 소통을 위해 서로 다른 말을 합쳐 외운데서 유래한다.

관련하여 우리 고대민족 중 큰 세력이 아리안(아리랑) 족과 수메르(쓰리랑) 족이 최대의 종족 패거리 집단으로서 배달민족의 중추세력이었을 것으로 짐작된다. 우리 고대어는 두 민족 언어가 대표적으로 지배했을 것이다. 미루어 짐작컨대 영어권에 녹아있는 우리말은 그들 중 아리안 족의 언어일 것으로 여겨지지만 확실한 증거는 없다. 따라서 유럽 쪽으로 이주해 간 아리안 족이 '줄'이라고 부르던 사람들이었을 것이다. 고대 당시엔 감옥이 체계적으로 갖추어지지 않았을 개연성이 있으며 죄인을 줄로 묶는 것으로 처벌을 대신했을 수도 있다. 그래서 영어의 종주국인 영국에서는 '자일'을 감옥으로 표기하고 있으나, 분명한 것은 우리 고대 사람들이 자일을 '줄(끈)'이라고 불렀으며 세력가들은 하인 종속들의 죄를 다스리는 방법으로 죄지은 자들을 줄로 묶어서 광에 가두는 것으로 처벌했다.

📶 Arrest(어레스트): 억류, 체포

고대 사람들에게 있어 抑留(억류)란 얽어 묶어 둔다는 의미다. 하지만 현대사회에 와서는 특정 범죄인을 마음대로 활동할 수 없도록 하는 정도로 잠시 유치하는 것을 포함하여 신체적 구금까지를 억류라고 한다. 억류의 어원은 죄인을 捕縛(포박) 얽어 묶어 둔다는 뜻이다. 따라서 Arrest(어레스트)는 우리 고대어에 죄인을 얽어매(오라)는 데서 유래한 말을 변형한 영어로 본다.

◢ Police(폴리스): 경찰

우리나라 고대엔 오늘날 경찰이 하는 일을 捕卒(포졸)들이 했다. 捕(사로잡을 포) 자와 卒(군사 졸) 자를 써서 '포졸'이라 한다. 그런데 卒(졸)을 영어에선 Soldier(쏠저)로 번역하여 군인이란 단어로 쓰고 있다. 따라서 영어권 역사가 짧다는 사실을 전제로 유추해본다면 그들이 경찰관 제도를 운영한 경험도 일천함으로 우리 고대에 치안을 담당하던 포졸에서 유래하여 폴리스로 변형된 영어로 본다.

13. 아파치 족의 최후 전사 나나

▐▌ Apache(아파치): 아버지클럽의 한 부족 (인디언)

인디언하면 미주 대륙에 살았던 원주민을 떠올린다. 또한 인디언이란 인류사회에서 별개의 한 종족이 있었던 것처럼 생각하기 쉬우나, 자료에서도 밝히듯 몽골리안 혈통이 분명하며 그들 생활문화에 근거하여 배달민족일 가능성이 크다.

인디언이란 그들에게 걸 맞는 별칭도 아니다. 콜럼버스가 남미대륙을 처음보고 와서 그곳이 서인도 땅으로 잘못알고 원주민들을 인디오라고 불렀다는 유래에 근거하지만 인도와는 전혀 관계가 없는 이름을 붙여준 꼴이다. 역사가 흘러가는 과정에서 한 사람의 실수조차 인류 역사에 얼마나 엉뚱한 결과를 초래하는지를 단적으로 나타내는 사례라고 하겠다.

아파치 족 인디언 또한 우리 배달민족이라고 보는 그 이유는 오늘날 아버지클럽과 유사한 모임에서 비롯되어 종족을 대표하는 집단(아파치 족)으로 발전했을 것으로 보기 때문이다. 이렇게 말하면 누군가는 비웃으며 한가하게 그 옛날에 무슨 아버지클럽을 만들어 취미활동을 했겠느냐고 핀잔하는 사람들도 있을 것이다.

이와 관련하여 미국 민주주의 역사를 설명하고자 한다. 우리가 잘 아는 바와 같이 미국은 커다란 대륙에 인디언이라 불러졌던 소수에 원주민들이 살고 있던 땅이다. 그런데 영국의 Mayflower(메이플라워)선단, 즉, 신대륙 개척자들이란 120명의 청교도 등의 이민자를 싣고 미국에 도착한 전후로부터 시작된다. 당시 세계에 많은 빈민들이 그 신천지에 몰려들었다. 그들은 아프리카, 아시아, 남미 등 여러 지역의 각기 다른 인종들이 뒤섞여져 금을 캐는 광산 노동자로 또는 도박장에 올인하여 일확천금을 꿈꾸며 혈투를 벌여 왔음을 서부개척시대라는 영화 또는 소설 등 미국역사 기록을 접하게 된다. 이에 대표되는 실상들을 영화로 만든 게 ≪석양의 무법자≫, ≪OK목장의 결투≫ 등으로 수많은 명화들을 감상했을 것이다.

대체로 삶의 문화를 매개로하는 작품들이란 당시대의 배경 또는 그 이전 상황을 반영하는 것으로서 누군가가 꾸며내는 픽션들만은 아니다. 우리나라 역사를 줄거리로 쓰는 드라마 시나리오처럼 미국역사를 대표하는 서부개척시대를 주제로 생생한 사실들을 논픽션으로 엮어냈다는 확신을 가진다. 미국대륙에 새 주인이 되었던 영국계 식민 통치자들은 민주주의 이념을 가지고 빈민들을 보살펴 주려는 착한 사람들이 아니었다. 세계 각국에서 떠돌이 신세로 몰려와 누구하나 뒤 봐줄 세력이 없는 국제적 고아나 다름없는 빈민들을 노예로 삼고 싶어 하거나, 보다 싼 노임으로 고용하여 하인종속들 부려먹듯 군림하면서 노동력을 착취하려는 데에만 관심이 있었다.

여러 인종들이 뒤섞여 잡탕이 된 화전민들까지 모두를 함께 아우르며 골고루 잘 살아야겠다는 생각은 추호도 없었을 뿐 아니라, 민주주의 이상을 가진 사람들이 아니었다. 만약, 지배계급 중 그런 좋은 생각을 가진 사람들이 있었다 할지라도 당시 상황에 그런 사람들이 통치자가 될 수도 없었을 것이다. 아니 그들 속에서 견디어 낼 수도 없었을 것이다. 때문에 힘없는 피지배 세력들은 더 깊은 초원으로 숨어들어가 통치 권력이 미치지 않고, 임자도 없는 밀림에 불을 지르고 몇 날을 불타다가 꺼지면 그 빈 땅을 일구어 농사를 짓고 가을이 되면 곡식을 거두어 쌓아두고 흔한 들짐승들을 사냥하여 고기를 먹으며 그야말로 행복하게 살았을 것이다.

당시에 통치력이 미치는 곳은 도심권 일부에 지나지 않았다. 어떤 종족들이 어디에 얼마나 살아가고 있는지조차 모르던 시절에 세금도 없고 행정관리도 없는 그 땅에 집을 지으면 바로 넓이만큼의 주인이 되어 그 터전의 주권자가 되었다. 유랑민들 중엔 조선인도 있었고 중국인도 있었으며 아시아, 남미, 아프리카 등등 그야말로 세계 각처 인종들이 저마다 넓은 땅을 차지하고 있었다. 그들은 이웃을 만나려면 하루쯤은 걸어가야, 민가 하나쯤 있을 그런 땅들을 차지하고 있었던 것이다. 그래도 모두 다 열심히 일하여 추수를 끝내고 아들 딸 가족들이 모여 행복하게 살고 있었지만 각국에서 모여든 인간들 중엔 마음대로 거저 가질 수 있는 땅에서 조차도 일하기 싫어하는 Gangster(갱스터)들이 있었다. 선량한 사람들이 농사지어 쌓아둔 곡식을 빼앗아 오는 것으로 끝나는 게 아니었다.

아니 차라리 곡식이나 가져가면 사냥을 해서라도 살아남을 수는 있어, 다음해라도 농사를 또 지을 수 있었지만 수만 리 타국 땅에서 모질게 살아가는 사람들에게 반드시 함께 있어야 할 마누라마저도 빼앗아가고 반항하면 남편을 죽이는 것도 예사였다. 여자라고 할 만큼 자란 자녀들이 있다면 어린 딸까지 갱단의 성상납대상이 될 때 그 참담함은 주체할 수 없었다. 그들은 비로소 살아 남기위해서는 집단을 이루어야 한다는 사실을 깨달았다.

그 지경이 되어 누군가는 복수를 한다며 떠나갔다. 어떤 사람은 절망하여 몸부림치다가 자살하고 어떤 이는 모든 희망을 잃고 방황하다가 폐인이 된 사람도 있다. 하지만 역사는 언제나 패배한 자의 편이 아니다. 이름 없이 죽어간 사람들은 외로운 고혼이 있고 없든 간에 세월은 무심히 흘러가게 마련이다. 끝내 살아남은 사람들은 서로의 사정을 털어 놓으며 울분을 토로하기도 하고 살아나갈 방도를 걱정하다가 공감하는 사람들끼리 모여 집단을 이루기로 했다.

농토야 얼마를 넓게 가질지라도 주거지만은 집단을 이루어 갱단들과 맞서 싸워서 갱단의 습격을 막아내고 살아남아야 한다는데 의견을 모았다. 그 다음은 무장을 하는 것이다. 몽둥이, 농기구, 연장, 칼 등 무엇이던 무기가 될 만한 것들로서 총도 사서 사격연습도 해두기로 했다. 그러기 위해선 마을의 높은 위치에 사랑방을 지어야 했다. 공동대처해야 할 문제가 생기면 그 곳에 모여 회의도 하고, 작전을 짜는 등 대책을 마련하자면 마을사람들이 모여서 회합할 장소가 반드시 필요했다.

마을 사람들은 형편껏 자재를 모아 집을 지었고 그 집 이름을 敎會(교회)라고 불렀다. 왜냐하면 마을 사람들이 힘을 합해 갱단들의 습격을 막아내고 살아남으려면 우선 서로를 잘 알고 친해져야 했다. 그렇게 모여서 회합하고 방어수단과 목적 등을 가르치지 않으면 안 된다는 뜻으로 교회라고 이름 붙였다. 그 다음으로 교회에 망루를 설치하고 노동력이 없는 노약자들에게 망루를 지키도록 했다. 그러다가 마을로 들어오는 사람들 중 수상쩍어 보이는 갱단 비슷한 자들이 나타나면 망루에 매달아 둔 쇠붙이를 마구 두드리게 했다. 그 소리를 신호로 각자가 소유하는 논밭들에 흩어져 있거나, 혹은 집에 있던 사람들은 준비해 둔 무기와 몽둥이 각종 연장들이라도 하나씩 거머쥐고 교회로 모여 일전을 벌일 수 있도록 만반의 준비 훈련을 시켰다. 각자의 생존을 위해 의기가 투합하여 자구책을 강구하고 마을 형태의 집단을 이뤄나가자, 종교지도자들도 끼어들기 시작했다. 그들은 신앙을 전파하는 설교도 했고, 교양강좌도 했으나, 결론은 하느님을 믿어야 한다는 쪽으로 유도했다.

의지할 곳 없던 처지의 화전민들 입장에선 살갑게 대해주는 종교 활동이 더 없이 위안을 받았다. 그래서 아주 깊이 빠져들어 종교는 단결의 구심점이 되었다. 그런 종교집단 조차도 교묘하게 설교하여 헌금이란 명목으로 돈을 내야했고 목사님은 농사를 전혀 짓지 않아도 아주 편하게 살았다. 생각하기에 따라서는 일하기 싫어 갱단이 된 못된 놈들이 있는 반면에 아무것도 하지 않고도 존경받으며 편히 살아가는 목사님들, 또한 불로소득자이기는 마찬가지란 느낌이 들 때도 있었다.

하지만 그렇게 생각하는 사람들은 많지 않았다. 다수의 사람들은 목사님들이야말로 하느님을 섬기는 사도로서 힘없는 사람들을 보살펴주는 진정한 구세주 같은 분들로 여기며 농사를 지어 소득이 생기면 다투어 헌납을 했고 감사하고 기쁜 마음으로 종교지도자들을 존경했다. 하지만 목사님이라고 무조건 다 좋은 사람들만 있는 것은 아니었다. 어떤 분들은 무식하고 힘없는 사람들을 하느님이 지켜준다고 설교하여 따르도록 유도해 신도들을 끌어 모아 종속처럼 거느리며 군림하고 싶었던 종교지도자들도 하나둘 끼어들었다. 그러나 대부분의 목사님들은 진실된 마음으로 신도들을 걱정하고 보살피려는 마음으로 공권력의 통치력이 미치지 못하는 오지의 화전민들 처지를 위로하고 용기를 주는 지도자로서 구심점이 되어 갱단을 막아낼 방법을 일러 주었다.

그렇다고 미국 전역에서 갱단이 사라진 것은 아니었다. 갱들은 더 외진 곳에 홀로 살아가는 사람들 재물들을 강탈하며 기생했다. 하지만 세월이 지나면서 미국도 점점 치안체계가 확립되고 있었다. 각 지역에 보안관을 임명하여 범죄자들을 잡아들여 구금했다. 그리고 이른바 순회재판 제도를 운영했다. 정기적으로 재판관이 말을 타고 해당지역을 돌아다니며 잡아놓은 범법자들을 재판했다. 하지만 갱단들은 더 지능화되어 보안관 등 순회재판관을 매수하거나 협박하여 부조리한 공권력으로 양민들을 수탈하기에 이르렀다. 차라리 공권력이 미치지 못했던 때에는 집단적인 무장으로 갱단들과 싸워 이기기만 하면 해결되던 것과 달리 공권력의 지배가 시작된 이후에는 양복을 걸치고 신사차림을 한 관리들이 총을 든 갱단들과 함께 나타나 법을 집행한다며 벌건 대낮에 힘없고 선량한 농민들의 재산을 강탈해가는 어처구니없는 상황이 벌어졌다. 이런 경험을 통해 터득한 것은 농민들이 무작정 단결하여 싸운다고 해결되는 일이 아니라는 것이었다.

오히려 억울함을 항의하면 공무집행 방해라고 체포 수감하여 순회재판관이 징역형을 선고하는 지경이었다. 이때에는 지식이 필요했다. 법이란 것도 알아야했다. 이 참담한 상황을 해결하기 위해서는 누군가에게 행정절차를 물어야만 했다. 사람들이 교회에 모여 논의 끝에 돈을 거두어 변호사를 사봤지만 그들조차도 돈을 더 주는 쪽에 붙어 가난하고 힘없는 사람들의 편이 아니었다. 그래서 택한 게 양심 있는 사람들에게 법을 묻고 도움을 호소하는 것이었다. 이때에 비로소 기독교가 본격적으로 개입하여 사랑방 역할을 하던 교회당에 예수를 상징하는 십자가를 세우고 종을 매다는 등 자연스레 빈민들 속에 끼어들어 자리 잡았다. 목사들이 더 배운 지식으로 빈민들을 대신하여 탄원서도 써 주고 진정서도 내는 등으로 비폭력 저항운동을 시작하여 처음 얼마간은 성과가 있었다. 하지만 부패한 관료들은 이를 묵살하고 갱단 폭력배들과 결탁하여 반민주적인 행태로 여전히 양민들을 수탈하자, 이에 화난 민중들은 보안관 불신임, 재판결과 불복종, 주지사 불신임 등 더 강한 투쟁을 이어 나갔다.

어쩌면 오늘날 대한민국에서 농민운동, 노동운동, 민주화 운동 등과 같은 맥락이라고 할 수 있는 대정부 투쟁이었다. 그렇지만 우리나라가 민권운동을 성공시키지 못하는 것은 반대세력으로부터 從北(종북) 주의자로 매도당하거나, 공권력으로부터 부당한 처벌이 무서워서 용감하지 못한 까닭이다. 대부분의 사람들은 투쟁보다는 아부나 침묵으로 관망하다가 유리한 쪽에 붙어 이익을 보려는 이기주의적인 비굴성 때문이다. 그에 반해 당시의 미국 빈민들은 목숨을 건 투쟁이었다. 그들은 아무런 연고도 학식도 없이 용기 하나로 비어있다시피 한 미국 땅에 자유를 찾아 달려든 개척정신이 강한 사람들이기 때문이었다. 오늘날 대한민국에 일부 무식한 계층들처럼 권력을 가진 자들의 교활한 거짓에 속지도 않았을 뿐 아니라, 작은 이익을 탐하여 노령연금 몇 푼 더 주겠다는 감언이설에 속아 자신의 양심에 반해 투표권을 행사하는 파렴치한 족속들이 아니었다.

그 시대 미국 빈민들은 그들 나름대로 정의감이 있었다. 통치권력 앞잡이가 된 갱단들과도 총격전을 벌이기까지 할 정도로 용감했다. 치안이 미치지 않았던 화전민 시절부터 다져온 투쟁정신으로 불의와 싸워 이긴 것이다. 이게 바로 미국 민주주의에 실체다. 가장 무식하고 힘없는 농민들에 의한 피의 투쟁을 통해 값진 민주주의를 쟁취해낸 것이다. 그 덕택으로 오늘날 전세계인들은 좀 더 나은 자유의 혜택을 받고 있는 것이다. 미국인들은 개인의 권리가 침해당하면 죽음으로써 방어해야 한다는 자기방어 개념이 투철하기 때문에 총기류에 의해 많은 불상사가 있음에도 불구하고 각 개인이 무기를 소지하는 문화가 정착

되어 있으며 대통령의 간절한 호소에도 불구하고 총기류 소지를 금지하려는 법제화는 이루어지지 못하고 있는 것이다.

따라서 이 세상에서 아무리 부자가 넓은 땅을 차지하고 있을지라도 그들 스스로를 지켜낼 의지와 능력을 갖추지 않으면 살아남을 수가 없다. 방어의 대상은 맹수일 수도 있으며 강도일 수도 있고 부패한 정권일 수도 있다. 그런 의미에서 오늘에 한국정치 현실은 우리스스로를 지켜낼 의지보다는 정권에 잘 보여 덕을 보려는 사람들이 많은 탓에 민주주의가 제대로 행해지지 못하고 있는 측면도 있다. 무능하고 용감하지 못하며 부도덕한 사고방식 유권자들 선택으로 탄생된 정권들은 그 아류의 계층인 재벌과 권력자들끼리 이익을 나눌 수 있는 정책이 아니면 거들떠보지 않는다. 힘없는 국민이야 어찌 되든지 통치기반 세력들 이익만을 취하려는 탓에, 소수의 지식인층 국민들은 울분을 참느라 더 고통 받고 있는 것이다. 정의롭지 못하고 무식한 계층일수록 불의에 쉽게 오염된다. 그래서 민주주의 선택권이 자신들에게 있음에도 불구하고 올바른 정권을 선출하지 못하고 있다.

그 까닭은 공부를 하지 않으면서도 자신이 가장 똑똑하다고 믿기 때문이다. 그들은 누구보다도 자신들 사리판단이 정확하다고 믿거나, 또는 그들을 조종하는 사람들을 따르는 것이 낫다고 판단하기 때문이다. 그런 부류는 나이가 많고 독재 시대를 살았던 경험이 있는 사람들이 더 많다. 진취적인 사고를 가진 사람들은 모르는 것을 공부하기 위해 다른 사람들 의견을 들어

보고 합리적으로 검토하여 진실 여부를 가리는데 반해 무식한 사람들일수록 다른 점은 무조건 자신과 다른 의견은 들으려 하지 않고 지난 시대의 침략자 또는 독재 세력들로부터 피압박을 받으면서도 비굴하고 간교하게 아첨하며 근근하게 살아남은 그 추한 경험들을 가장 뛰어난 지식으로 믿고 있기 때문이다.

특히 학력이 낮고 독재 권력에게 세뇌당한 사람들은 자신의 생각과 다른 의견이라면 더 이상 들으려 하지도 않고 전혀 인정하려 들지 않는 옹고집이 있다. 그들은 과거에 경험했던 독재체제의 향수를 느끼고 있는 것 같다. 정의롭지 못하더라도 독재 권력을 휘두르는 부당한 체제가 등장하고 그 집단이 강해보이면 스스로 권력의 앞잡이가 된다. 부패한 집단일수록 무식한 사람들을 교묘하게 이용하고 있으며 무식한 계층 유권자들은 판단력이 없으므로 무조건 강해보이는 세력에게 아부하며 추종한다. 아이러니하게도 부패한 정권은 서민대중을 무시하면서도 교활한 요설로 무식한 양민들을 속여 그들 마음을 사로잡아 선거에서 당선표로만 이용하는 방법으로 오히려 소외계층의 지지를 더 받는다.

이들은 대부분 나이 들고 무지한 사람들로서 자신들의 잘못된 정권선택으로 젊고 많이 배운 자식세대가 고통 받고 있는데도 그 이유를 깨닫지 못하고 오히려 무능하고 부도덕하여 부패한 정권의 앞잡이가 되어 정권의 방패를 자처하며 거리에 나와 관제데모를 하는 것도 서슴지 않는다. 그렇다고 충분한 대접을 받는 것도 아니다. 대부분 소속단체 두목 급들이 정권들로부터 받아 챙기는 사회단체 지원금이란 명목으로 보상받는 금원의 일부인 푼돈 정도에 술잔 값이나 얻어먹고 윗선의 지령에 따라 날 뛴다. 그들은 그 정권의 정책이 어떤 것이던 상관없다. 오직 강한 공권력으로부터 신변을 보장 받고 있어 더욱 목에 힘주며 신나는 임무인 관제 세력 앞잡이로서의 선봉이 되는 것이다. 때문에 정의를 실현하려는 양심 있는 시민들을 향해 눈을 부라리는 추태를 벌이는 참으로 슬픈 현실이다. 민주주의 꽃이라는 선거에서 조차도 추악한 욕심에 의해 검은돈 몇 푼 받고 투표 권리를 함부로 행사하여 이 나라의 발전이 수십여 년씩 후퇴하기도 하는 현실이다.

수혜 받아야 할 빈민들일수록 정신세계가 더 썩어 부도덕한 정권들에게 이용만 당하는 이 시대의 똑똑한 바보 시민들에 비해 아무것도 가지지 못했고 많이 배우지 못한 아파치 족의 '나나'라는 배달민족(인디언)의 용맹한 전사는 존경할 만한 대상이라 하겠다. 그는 당대에 해가 지지 않는 나라라고 불릴 만큼 거대한 대영제국의 식민통치 집단이라 할지라도 그 행위가 부당하면 의연하게 맞서 싸웠다는 자체는 어떤 강력한 권력도 옳지 않다면 용서할 수 없다는 배달민족의 오염되지 않은 정신이라고 할 수 있다.

배달나라 사람들(인디언)이 아메리카에 정착한 그 시기에도 미국 서부개척시대와 비슷한 도적떼와 적대세력들은 있었을 것이다. 그런 무법천지에서 살아남기 위해서는 남자들이 나서야 했을 것이다. 그들은 이른바 아버지클럽을 만들어 집단적으로 침략세력들과 맞섰을 것이며 생사가 걸린 문제이니 당연히 혈연 가족보다도 더 결속력을 갖게 되어 사활을 넘나들며 용감하게 싸웠을 것이므로 아버지클럽은 혈연의 성씨처럼 굳어져 강력한 집단의 명성으로 행세했을 것이다. 하지만 아버지가 무슨 뜻인지 모르는 영어권사람들은 그들이 외치는 아버지란 발음을 들리는 대로 Apache(아파치)라고 받아 적었을 것이다.

◑ 인디언 자료인용

아파치 족 차리카후아 전사, 나나의 사진

아파치 족의 최후 전사 나나

차리카후아 지도자 제로니모아 빅토리오 등은 멕시코인과 미국인들을 공격했다. 이들은 1877년까지 계속하여 저항하다가 막강한 미국 군대의 화력에 무너져 끝내는 항복했다. 그들은 미국정부의 조치로 애리조나 주, 산카롤로스의 척박한 오지로 강제 이주 되었다. 하지만 후에도 미군에 의해 인디언 부족들이 학살을 당하자, 아파치 족의 '나나'는 분개하여 동족들을 지휘하여 미국의 텍사스와 멕시코 지역까지 공격을 가하여 미국인들의 간담을 서늘하게 했다.

먼저 결론부터 이야기한다면 인디언들은 몽골리안 혈통으로서 아버지라고 부르는 배달민족일 가능성이 가장 크다는 것이다.

1620년 경 콜럼버스가 미국대륙에서 인디언을 발견할 당시에 그들의 인구는 약 1,300만 명 정도로 추정하였다. 1910년 조선이 일본에 의해 패망할 당시의 인구와 비슷한 숫자이다. 당시 그들은 북아메리카 지역, 오늘날 미국 북부와 캐나다를 포함하여 약 100만 명 정도가 살고 있었으며 중앙아메리카 300만 명 남부 아메리카에 900만 명 정도였으나, 영국을 주축으로 하는 유럽인들의 침투로 인하여 절대다수가 무참히 학살당하고 문화가 급격히 파괴되었다.

아메리카 인디언들이 어떤 경로를 통해 그 땅의 주인이 되었을까? 학자들 의견에 따르면 인류가 약 200만 년 전쯤 아프리카 동부지역에서 진화하여 약 1백만 년 전부터 서서히 전 세계로 퍼져 나가게 되었다는 것이다. 그렇다면 인류가 아프리카로부터 직접 미국으로 온 것이 아니라 동양으로 이동했다가, 다시 베링해협을 거처 미국까지 왔다는 것이며 동양에서 미국에 도착한 것은 약 1만2천 년 전부터로 본다는 것이다. 하지만 고고학이란 게 발굴되는 고대 유물에 의한 추정으로부터 얻어지는 결과론적 학문이라서, 마치 점쟁이가 신의 계시를 받았다며 육감대로 지껄이는 예언이나, 그들 마음대로 흔들어 대는 점술도구로부터 뽑아내는 점괘를 읊어대는 판단과 달리 상당한 과학적 분석이 뒤따르는 것도 사실이다. 하지만 학자마다 의견이 다를 때도 있어 전적으로 믿기가 어려운 측면도 있다.

그런 학설 이후 소련의 고고학자 유리모노차프는 다른 주장을 하고 있다. 시베리아에서 발견된 주거문화로 추정되는 돌구들을 분석해본 결과 영국의 考古學子(고고학자) 메어리 리키가 아프리카 케냐에서 발견한 200만 년 전의 고대인(호모하빌리스)들이 사용했던 돌구들과 매우 유사하다는 것이다. 따라서 그들이 살았던 토양도 지리학적으로 시베리아의 토양과 거의 같아, 결론적으로 약 1백80만 년 전 같은 시기에 같은 조건에서 인류가 진화되어 살아남을 수 있다는 것이다. 이를 바꿔 말하면 인류는 아프리카에서 진화되어, 전 세계로 퍼져 나간 것이 아니라, 동시대에 이 지구상에서 같은 기후와 같은 토양이 있는 같은 조건이라면 어디에서든 동시에 다른 종족이 진화되었을 수도 있다는 것이다. 그렇다면 최초의 인류가 아시아 등 다른 곳에서 진화되어 아프리카 등지로 이동해 갔을 수도 있다는 가설이 성립된다. 또한 동시에 다른 종족이 같은 조건에서 같은 시기에 진화되었을 수도 있다는 가정으로써 아프리카에선 흑인종이 진화되었고, 아시아에선 검은머리 황색인종이 진화되었을 수도 있으며 어디에선가는 노랑머리 백인종이 진화되었을 수가 있다는 가능성을 열어두어야 한다.

소련의 비탈리라리체프라는 학자에 따르면 시베리아는 얼어붙어 쓸모없는 곳이라고만 알고 있었으나, 그 땅을 조사하면서 구석기 유적들이 쏟아져 나와 마치 인류문화사의 박물관과 같은 곳이라 했다. 그 대표적인 유적지가 바로 말라이 아쉬 유적지를 들 수 있다. 1975년대부터 본격적으로 발굴하기 시작한 중부 시베리아의 벨리라우스 강과 노비스비르스크 아비칸 산맥을 가로지르는 계곡에 위치한 이곳에서 출토된 유물들을 방사선 탄소 연대 측정결과 약 3만 5천 년 전에 구석기시대 사람들 집단 주거지였다는 사실이 밝혀진 것이다. 특히 말라이 아쉬 지방에서 발굴된 뼈들을 살펴보면 열대 동물을 제외하고 오늘날까지 지구상에 존재하는 대부분의 동물들이 골고루 서식했음이 들어나고 있다는 것이다. 따라서 시베리아는 다른 어느 지역에 비해 전혀 뒤지지 않는 좋은 진화조건을 가지고 있는 환경이었다는 것을 반증하는 것이라고도 했다.

관련하여 그곳에 구석기 사람들이 살았던 마을 형태의 유적지가 사방 몇 Km 넓이의 강가를 차지하고 있었다. 특히 그 유적지에서는 검정색 하얀색 무지개 색 등 다양한 물감으로 그려진 천연색 그림도 존재하고 수만 년이 지났을 오늘까지도 그 흔적들이 뚜렷하게 남아 있다는 것이다. 발견된 그림들을 분석해보면 모두가 뛰어난 솜씨로 정교하게 그려진 수준급 작품들로서 타 지역에서 나타나는 구석기 유물들이 투박하고 조잡한 것과는 전혀 다른 문화라는 놀라운 예술적 기교와 재능이 덧보인다는 것이다. 더욱이 석기에 조각까지 하여 사용했는데 그림의 문양은 맷돌과 독수리, 거북이 등이 아주 정교하게 새겨져 있다는 것이다. 이 발견들로부터 지구상에서 가장 진보하고 뛰어난 민족들이 동북아시아에 살고 있었다는 실증을 찾아냈다고 할 것이다.

⫴ 인디언들의 언어

일반적으로 인디언들 언어를 조사한 바에 따르면 약 200개가 넘는다고 알려져 있지만 이를 자세히 분석해보면 그 뿌리는 거의 같다는 사실을 발견한 그린버그 교수의 연구에 의하면 대략 세 개의 언어군 분류로 나누어 분석해 본 결과 알룻어, 나-네데, 알고퀸 등으로 나눌 수 있다는 것이다. 그중에 아메린드 계가 제일 많아서 가장 넓은 지역에 분포하여 살아가고 있었을 뿐만 아니라, 현재까지 밝혀낸 가장 오래된 언어라는 것이다. 그들 언어의 유사성을 통해 인종학적으로도 유사성이 있는지를 탐구하여 얻은 결과가 인디언들이 아메리카 대륙으로 이주해간 연대는 다른데도 생활 습관과 언어의 본질이 같은 점 등을 통해 뿌리가 하나라는 것을 유추할 수가 있다는 것이다.

이와 관련하여 아메리카 인디언들 모태 종족을 분류하기 위해 연구했던 학자들이 서로의 연구영역을 비교 분석하기로 했다. 그린버그 교수와 인류학자인 제구라 교수 및 터너 교수 등이 서로의 연구 실적을 내어놓고 토론을 벌였는데 그들이 도출

한 결론은 인디언들 언어가 200여 개나 된다는 종래의 학설을 뒤엎고, 단지 3개의 언어 군으로 축소된다는 것이다. 세 개의 언어군, 주요 내용은 가장 넓게 사용되는 인디언 어가 알고퀸 어이고 두 번째가 아바타스칸 나-데네, 이며 세 번째가 에스키모 알룻퀸 어라는 결과가 나왔다는 것이다.

제구라 교수가 연구한 인디언의 혈액형 분류에 의하면 A, O, B, Rh형이고 역시 인디언들 종족을 크게 나누면 3개의 부족군으로 분류된다고 했다. 결과적으로 언어군도 세 부족이라는 결론에 도달했고 혈액형 분류군도 세 종족이라는데, 터너, 그린버그, 제구라 세 교수의 연구가 일치하고 있음을 발표했다.

특히 터너 교수는 인디언들 치아 형태를 추적 연구한 결과 그들의 어금니는 뿌리가 세 개이고 유럽인들은 어금니 뿌리가 두 개라는 것이다. 이 연구에 의하면 인디언과 아시아계 인종들은 어금니 뿌리가 세 개라서 그 뿌리가 같기 때문에 인종의 유래를 추적하는 데 매우 중요하다고 했다. 그래서 터너 교수는 직접 시베리아와 중국을 방문하여 약 2,000년에서부터 8,000년 전의 유골들 치아를 조사했다. 그 이빨들은 만주와 시베리아에서 발견된 것들로서 이를 조사한 결과는 제구라 교수가 조사한 혈액형 분류 연구와도 일치했다. 이들의 연구 결과에 의해 인디언들이 아메리카 대륙에 이주해 온 시기는 제1차 이주가 약 1만 5천 년 전이었고 제2차 이주가 6천여 년 전이며, 제3차 이주는 4천 년 전쯤이라는 것이다.

❚❙ 인디언들의 무속(巫俗)신앙

인디언 마을엔 동네 어귀에 장승이 세워져 있다. 이들은 대개가 동물들을 토템으로 하는 신앙을 가지는데 곰, 까마귀, 여우, 독수리, 비버, 산양, 상어, 고래 등이다. 그들 중 가장 중요시하는 것은 東夷族(동이족)의 토템인 삼족오(까마귀)를 대단한 영물로 섬긴다. 이는 창조 신화로 까마귀가 우주를 만들었고 인간과 모든 사물을 지구에 서식하도록 했다는 신앙의 뿌리이기 때문이다. 인디언들 중 곰을 믿는 여러 종족이 있으며 그들은 곰이 자신들의 조상이라거나 또는 어머니라고 믿기도 하며 트링기트 족과 hida(하이다) 족 인디언들이 대표적이다. 이들의 곰 신앙을 분석해보면 거의 배달민족 단군 신화와 맥을 같이하고 있다는 것이다.

이들의 신앙가운데 가장 많이 퍼져있는 것은 샤머니즘이라할 것이다. 그 내용은 인간이 신령들과 직접 교접하여 신통력을 발휘하고, 그 신통력은 대대로 계승된다는 요지다. 이를 다른 말로 바꾸면 부모가 샤먼이면 그 자녀들 중 누군가는 반드시 샤먼이 되어 신통력이 계승된다는 믿음이다. 이는 우리나라 샤먼과 같은 논리로서 부모 중에 누군가가 샤먼이면 자녀 중에 한 명은 반드시 계승되어야 한다고 믿으며 실제로 그렇게 전수되고 있다. 샤먼에 따라서는 질병을 고치는 데 그치는 게 아니라 전쟁과 평화를 주관하는 중요한 지배력을 가진다고 믿기도 한다. 샤먼이 귀신의 마음속으로 들어가면 몸을 부들부들 떨며 주문을 외우는데 그 주문의 요지는 사물의 靈(영)은 나보다 높지만 사물 그 자체는 나보다 낮다는 개념의 주술 문장이라고 한다. 곰 신앙을 가진 사람들은 정령을 부를 때 북을 치고 방울을 흔드는 의식이 있어 우리나라의 무당들과 恰似(흡사)하다. 곰 숭배 의식은 어느 지역에서나 같은 의식을 행하고 있으며 한반도의 무속인들 의례와 거의 같다고 한다.

ᴵᴵ 인디언 어린이들의 놀이문화

가장 많이 하는 놀이가 고누와 윷놀이며 여자들은 실뜨기인 String(스트링)놀이를 주로 한다. 고누는 한국에서 '고니'라고도 부르는 놀이로 땅이나 판때기 또는 종이 등에 움직여 가는 길을 그림을 그려놓고 돌이나 막대기 등을 이동시켜 그려진 줄을 타고 가다가 상대방의 것을 잡거나, 먼저 공격하여 가는 길을 막는 것이다. 이는 우리나라의 50여 년 전쯤 아이들이 주로 하던 놀이이며 마치 장기 두기와 비슷한 것이지만 움직이는 고누는 3개 또는 6개로 행한다. 이른바 실뜨기라는 놀이도 역시 우리의 옛날 놀이문화지만 윷놀이는 오늘날까지도 가끔 행하는 민속놀이다. 그들 놀이 문화는 우리나라의 옛 것과 꼭 같은 것이며 60여 살이 넘은 우리나라 사람이라면 어느 지방을 막론하고 해본 경험이 있는 놀이를 인디언들은 수만 리 떨어진 아메리카 대륙에서 즐기며 살아가고 있었던 것이다.

위와 같은 분석을 통해 얻을 수 있는 결론은 아메리카 인디언들 중에 그런 놀이를 즐기는 사람들은 한국으로부터 이주해 간, 같은 민족임을 의심할 여지가 없는 것이다. 인간은 놀이를 즐기는 동물이라고도 한다. 그 놀이를 통해 두뇌가 발달하고 창의적인 생각을 하게 되며 과학 문명의 뿌리가 어린아이들 장난감 도구들과 함께 발달해 왔다 해도 과장된 표현은 아니다.

특히 실뜨기 놀이문화는 일본, 오스트레일리아, 필리핀 등 여러 나라에서 즐기는 오락으로서 실을 얽었다가 펴는 마술 같은 놀이로 손으로만 하는 것은 아니며 발가락이나 이빨 또는 입술로도 이용하여 혼자서도 할 수 있는 일종의 심심풀이용 장난과 같다. 사실 엄밀히 따지면 단순한 놀이가 아니라 장차 여인들이 감당해야 할 길쌈 Weave(위베)의 연습이라고 해야 옳을 것이다. 여인들은 이 놀이를 통해 실과 친해지게 되며 실을 어떻게 엮으면 직물이 되는지를 터득하는 경험을 쌓아가는 첫 단계는 아닌지 모를, 어쩌면 가사 수업의 기초단계인 셈이다. 다음으로 윷놀이 문화를 들 수 있는데 윷판 규칙은 한국의 민속놀이와 같으나, 다만 윷가락은 3개를 가지고 하여 우리나라의 네 개 윷과는 차이를 보이고 있다. 이밖에도 여러 가지 풍속이 한국과 거의 같다는 것이다.

❚❙ 세계 속에 한국인 모습으로 살아가는 사람들

인디언들 모습을 가만히 보면 한 세기 전의 한국 사람들과 같다는 것이다. 아니 엄밀히 따지면 한국민족과 같은 게 아니라 몽골리안 형상이라고 해야 더 정확할 것이다. 놀라운 것은 그들의 모습만 같은 것이 아니라, 체형도 같으며 더러는 성씨도 한국인과 비슷한 김, 이, 박으로 불리며 몽고반점도 같고 사람들 풍습도 같고 심지어는 민속 노래도 거의 같은 타령조로 부른다는 것이다. 이런 사람들은 아주 많아서 멕시코, 미얀마, 아르헨티나, 파라과이 등에 산재하고 있으며 특히 고산지대에 가면 예외 없이 우리 민족과 똑같은 사람들이 동질성의 생활방식으로 살아가고 있는데 다만, 그들의 언어만 다르다는 것이다

위에서 언급한 대로 어느 교수의 논문에 의하면 북방 몽골계의 한국인 등은 수만 년 전에 시베리아 베링해협을 통해 아메리카로 건너갔다는 것이며 당시엔 알라스카와 시베리아가 연결되어 있었다는 것이다. 그래서 에스키모와 인디오들은 거의가 동이족들이라는 것이다. 그들은 혹독한 추위를 견디면서 모습이 좀 변했지만 급격한 문화 발전이 없었든 고대 역사 속에선 생활풍습이 더디게 변하여 오늘날에도 많은 공통점을 가지고 있으나, 삶을 영위하기위해서는 의사소통이 필수적이라서 현지의 또 다른 민족들과 교류하느라 언어문화가 변질되어 토착민들과 동화되었고 풍습도 조금씩 바뀌었을 지라도 혈통과 유전자는 상당부분 그대로 보전되어 같은 조상의 후손임을 알 수 있다는 것이다.

우리 민족들은 여러 단계를 거쳐 전 세계로 이동해 갔으며 베트남, 태국, 라오스, 인도차이나 지역에도 적지 않다. 그들 대부분은 막걸리를 만들어 마시며 고대 우리민요를 부르고 아리랑 멜로디도 기억하는 이가 있는 등 말만 다를 뿐 체형과 모습 그리고 풍습이 같은 종족임을 금방 알아볼 수가 있다는 것이다. 한 가지 아쉬운 점은 이들이 거의 고산지대에 빈민촌을 이루어 살아가고 있다는 게 좀 아쉬운 일이다. 하지만 우리가 이들을 보듬어 횡적으로 연결해야할 필요가 있다. 그렇게만 된다면 우리 민족은 세계 속에 막강한 인적 자원을 가지는 나라가 되며

그 자원을 국력으로 활용하는 지혜를 짜야 할 것이다. 만약 그런 정권을 창출하여 우리가 지구촌을 움직이는 주역이 될 수 있다면 일본 따위가 우리를 넘보는 일도 없을 것이다. 그 사업은 강력한 국력 신장으로 이어지는 지름길이라고 생각된다. 그렇게만 된다면 대한민국 국민은 세계 어디를 가도 마치 고향의 친척들처럼 반겨줄 종족들이 있고, 그들과 더불어 사업을 논하기도 하며 든든한 패거리 형, 협력자가 될 것이다. 그럼 우리 국민은 친척집을 방문하듯 각국을 여행도 하고 더 한층 풍요하고 행복한 삶을 살아갈 수가 있을 것이다.

▍l Love(러브): 사랑, 어부바, 업어

이 단어도 영어가 우리말을 가져다 변형시킨 것으로 본다. 우리 고대인들은 사랑을 어부바 또는 업는 것으로 표현했다. 사랑을 하자면 위에 업혀야 한다. 옛날에는 아이를 주로 업어서 키웠는데 이 세상에서 어머니가 아이를 업었을 때의 심정 또한 큰 사랑이다. 따라서 우리말 업어 또는 어부바를 영어권이 잘 못 알아듣고 알파벳을 끌어다 붙인 게 Love(러브)로 보는 것이다.

▍l Joy(조이): 좋아하다, 기뻐하다

좋아하다. 좋으면 당연히 기쁘다. 이 말도 우리말을 영어권이 가져다가 변형시켜 사용하고 있다.

▍l Cut(컷): 끊다, 자르다

무엇을 자르다. 끊다와 같다. 이 말로도 영어로 변한 것으로 본다.

ıl Connection(커넥션): 계속, 연결, 접속

우리가 사용하는 언어에서 자연스럽게 계속해봐 또는 계속했어 등등 우리의 계속과 커넥션은 같은 의미를 가진다. 이 또한 영어권에서 우리말을 가져다가 변형시켜 사용하고 있다.

14. 바다라는 어원

▐▌ Bottom(바톰): 바닥, 바다, 꼴지

우리는 바닥이라는 단어를 자주 쓴다. 가령 어느 학생 성적이 바닥이라던 가 또는 기분이 영 바닥이라는 등 아주 밑바닥을 의미한다. 따라서 바닥이란 어원은 어디서 온 것일까? 이는 두 말할 것 없이 우리 고대인들이 사용하던 언어 중 꼴지 밑바닥을 의미하는 뜻이다. 위에서 언급한 대로 우리 조상들은 유럽 등 남미 아프리카 지역까지 이동하여 터를 잡았고 우리 고대어를 사용하다가 점차 변형되어 조금씩 바뀌었을 것이다. 그들이 쓰던 언어에서 비어있는 그릇의 밑바닥을 의미하는 표현을 훗날 영어가 흡수하면서 바닥이란 단어가 귀에 들리는 대로 알파벳으로 받아 적은 것이 Bottom(바톰)이었을 것이다.

그렇다면 Bottom(바톰)이란 정확한 뜻은 무엇일까? 빈병, 그릇 따위의 밑바닥을 의미한다. 바로 해양에 조수 간만의 차이로 물이 빠져 나갔을 때도 빈 그릇의 바닥처럼 본 것이다. 사실 지리적 조건에 조수 간만의 차가 크고 갯벌이 풍부한 동양의 바닷가에 살았던 우리의 고대 조상들에게 있어 물이 꽉 들어찬 바다는 두려움에 대상일 뿐, 별로 호감을 가질 이유가 없었을 것이다. 지구상에 태초의 생명이 탄생한 곳도 바다라는 것은 과학적으로 밝혀진 바 있다. 물이 넘실거리는 푸른 바다 표면에서 진화가 이루어진 것이 아니라, 자외선이 침투할 수 없는 심해저로부터 갯벌과 프랑크톤의 특정 성분(아미노산)들에 의해 진화가 이루어졌다는 것이다. 약 35억여 년 전까지는 지구에 산소가 없었으나 강열한 태양의 자외선을 피해 깊숙한 바닥(Bottom; 바톰)의 진흙 속에 숨어 최초로 진화한 것은 해초들이라는 것이다. 그것들이 광합성 작용으로 산소를 발생시켜 육지로 송출했다. 바로 그 산소 덕택에 육지 식물도 진화되었으며 그렇게 연계 생성된 생명들은 서서히 바다 밖으로 기어 나왔다는 게 과학적인 설명이다.

조수 간만의 차가 짧고 갯벌이 빈약하며 파도가 거친 내양에 접한 서양보다는 물 빠짐이 길고 넓은 동양 아시아권 그것도 한반도 주변 바다 조건은 생물들이 육지로 이동하기에 적합했을 것이다. 바로 그런 바다환경에서 어느 곳보다도 활발하게 진화가 일어났을 것이다. 후세 사람들조차도 그 바다를 고향삼아 살아가기에 충분히 친화적이었을 것이며 손쉽게 갑각류 해산물들을 채취할 수가 있었을 것이다. 바다로부터 생명을 영위할 무엇인가를 구하던 인간들의 특성상 물이 가득 차 넘실거리는 두려움의 바다보다는 생명의 뿌리였던 그 밑바닥이 생태 유전적으로 강한 기억으로 남았을 것이므로 먹이의 보고인 갯바닥을 호감 하는 의미에서라도 우리 민족이 더 친근하게 바다라고 불렀을 것이다.

그것은 역사를 거슬러 태고에 가까울수록 고대인들에게 있어 항해술이 발달하지도 못했을 것이고 물위를 자유롭게 떠다니며 활동할 수가 없을 것이다. 낚시가 발달된 것도 아닐 테니 물이 가득 차서 넘실거리는 바다는 마치 죽음을 부르는 것 같은 공포의 대상일 뿐 이었을 것이다. 하지만 조수 작용에 의해 물이 빠져 나갈 때는 사정이 달라진다. 그곳은 하나의 거대한 빈 그릇이 되어 그 안에 깃들어 살아가는 뻘게, 어패류, 낙지, 해초 등 무엇이든 갯벌을 뒤지기만 하면 먹을 것이 나오는 생명의 보고였던 것이다. 그래서 바다를 Sea(씨)라고 기억하기 보다는 바다라고 부르는 우리말이 단계적인 변형을 거쳐 알파벳의 Bottom(바톰)이 되었을 것이다.

ıI dig(딕) dig-ing(디깅): 파다, 헤집다, 뒤적거리다

관련하여 땅, 갯벌 따위를 파다, 헤집다, 뒤적거리다. 이것이 우리 조상들이 생명을 영위하기 위해 사냥을 하다가 최초로 농사를 짓기 위해 땅을 뒤져 먹고 살아온 언어적 표현이다. 고대인들이 바다를 뒤져 먹고 살았음은 한반도 해변(진도, 해남, 안면도, 완도)에서 발견되는 패총(조개껍질무덤)들이 있다. 우리나라 삼면의 바닷가 곳곳에서 나타나는 조개껍질무덤이 그 증거다. 농경문화가 발달하면서 더더욱 땅을 뒤져먹고 살았던 유전적 기억이 강렬하게 남아 있어 그런 표현들은 자연스런 언어적 표출이라고 본다.

하지만 농업이 천시되고 쇠퇴해가는 이 시대에 비추어 무엇인가를 뒤져먹고 산다는 언어들도 서서히 잊어져갈 말이기도 하다. 그렇지만 이글을 쓰는 목적은 우리 고대 역사와 언어가 세계 속에 어떻게 연결되어 있는지를 탐구하는 것이며 얼마나 많은 우리 언어가 영어에 녹아있는지를 찾는 작업이다. 세계를 움직이는 대표적인 영어권과 우리말의 관계가 언제부터 어떻게 엮였으며 문법은 어떤 형태로 바뀌었고 우리말과 다시 연결할 가능성은 어느 정도인지를 연구하여 기록으로 남겨 두려는 강한 집념에서 비롯되었다는 것을 다시 한 번 강조한다. 본론으로 돌아와 Dig-ing(디징)에 의미는 땅을 파고 뒤집어 갈아엎으며 곡식을 가꾸는 농부를 일컫는 말이다. 물론 이 말에 어원은 농부보다는 갯벌을 먼저 뒤져먹고 살아남았을 원시부족들에게서 유래된 것이며 생명의 수단이 갯벌 뒤지기에서 육지로 이동하여 농사를 지으면서 땅을 파먹었다는 말로 바뀌었을 것이란 게 결론이다.

❚❘ Sea On(씨 온): 시원하다

우리는 흔히 더위를 식히는 의미로 시원하다는 말을 자주 쓴다. 아마도 가장 강렬한 표현은 Shower(샤워)할 때 하는 말이다. Shower(샤워)는 소나기를 뜻하는 말이므로 우리들 몸에 물을 뿌릴 때 자연스레 나오는 말이기도 하다. 물론 소나기 또한 우리말로서 소낙비가 올 때 쏴~하고 쏟아진다는 擬聲語(의성어)가 합성되어 샤워라는 영어로 변형된 말이며 그 소낙비를 맞으면서도 시원하다는 말을 똑같이 쓴다.

즉, Sea On(씨 온)은 바닷물에 접해 있다는 말이다. 생각해보라, 바닷물에 몸을 담그고 있다는 것은 두 말할 것 없이 아주 시원하다는 뜻이다. 자! 그렇다면 고대의 우리 조상들도 바다를 Sea(씨)라고 불렀다는 의미가 된다. 하지만 생명의 근원인 그 바닥 Bottom(바톰)보다는 덜 중요했기에 바다로 통칭해 불렀을 뿐이다. 시원하다는 말이 영어권에서는 Fresh(프레쉬)라고 다르게 표현된다. 유럽에서도 대륙 깊숙한 내륙에 살던 사람들은 더위를 피할 때 바다보다는 숲속 등, 나무그늘 밑에서 몸을 식혔을 것이다. 우리도 수풀이 우거진 곳에 들어가면 유럽인들처럼 시원하다는 말이 자연스레 튀어나온다. 왜냐하면 Fresh(프레쉬)는 Forest(포레스트)에서 온 말이며 포레스트는 우리 고대어 풀숲이라는 단어를 옮겨 적은 말로 짐작되기 때문이다.

❙▪ Sea Narrow(씨 나로): 시냇물

우리 조상들이 바다를 Sea(씨)로 칭했을 개연성을 더 살펴보자, 우리들이 쉽게 말하는 시냇물이란 말에서도 '씨'를 찾을 수 있다. 즉, Sea Narrow(씨 나로)란 바다가 좁아진 곳을 의미한다. 다른 말로 바꾸면 냇물이 바다에 접해있는 포구를 일컫는 말이다. 물론 영어에서는 stream(스트림), flor(플로), River(리버) 등으로 시내와 강의 크기에 따라 나누어 부르고 있다. 우리 고대어 또한 도랑물, 개울물 등으로 구분하고 있으나, 강물에 해당하는 것들은 시냇물이다. 시내를 강물이라 부르게 된 것은 漢字(한자)가 들어오면서이고 강은 江(큰내 강) 자를 쓰고 있으므로 이는 곧 바다가 좁아지며 강물에 접하는 Sea Narrow(씨 나루)로서 시내라고 한다.

고대 우리 조상이 나일 강 줄기를 따라 중동지역까지 이주했을 개연성이 있다. 왜냐하면 갈대우르, 수메르 등 고대유적 분석을 통해 그 가능성이 제기되고 있기 때문이다. 만약 우리 민족이 그곳에 이주한 게 사실이라면 우리 민족이 돌을 잘 다루는 특성상 뛰어난 장인으로 살았을 가능성이 크다. 그렇다면 불가사이하다는 엄청난 석축 공사인 피라미드를 건설할 때 주역이었거나, 일조했으리란 게 일부 학계의 견해이기도 하다. 그들이 살았던 땅을 시나이라 했다. 그래서 오늘날도 나일 강 유역을 시나이 반도라고 부르는 것은 우리 민족이 그곳을 시내라고 불렀던 데서 유래한 이름일 것이다. 엄밀히 따져 구분한다면 바닷물이 다다르지 않는 곳은 그냥 강이며 시내란 바다와 접하는 곳까지로 우리 고유명사인 시내 즉, Sea Narrow(씨 나로) 바다가 좁아져 강물과 합쳐지는 곳을 의미한다.

Sea um(씨 움): 섬, 島嶼(도서)

우리들은 Island(아이슬랜드)를 섬이라고 부른다. 그렇다면 섬이란 어디서 유래한 말일까? 이 점에 대해 고심 끝에 하나의 결론에 도달한 것은 우리들이 거처하던 곳을 고대인들은 움 또는 막, 집 등이라고 불렀다는 사실이다. 이를 합쳐서도 불렀는데 움집, 움막, Home(홈)은 움집의 '움'에서 유래한 말이다. 섬은 지구상의 태초생물들이 바다로부터 나와 살았던 곳이다. 육지와 가깝고 물이 빠지면 걸어서 오갈수도 있거니와 뗏목 따위에 부력이 있는 것을 타고도 드나들기 용이하도록 해변 가까운 섬 둥지에 터를 잡고 살았을 것이다. 인류가 탄생한 때에는 육식동물들이 많았다. 고대인들은 맹수들 공격을 피할 목적과 또는 바다를 뒤져 어패류를 채취하기 위해서 등등으로 섬에 움막을 짓고 살았을 가능성이 아주 많다. 그곳을 Sea um(씨 움) 즉, 바다에 있는 움(집)이라고 부르다가 훗날은 아예 섬으로 변한 것으로 본다.

❙❙ Cottage(코타지): 작은 시골집

나이 드신 분들은 코딱지 같은 집 또는 게딱지 같은 집이란 말을 잘 쓴다. 이는 작은 시골집 즉, 초가로 지어진 농가주택을 의미한다. 따라서 우리 고대인들 말을 영어권이 알파벳으로 옮겨 적은 것으로 본다.

❙❙ Woods(우드): 막, 나무로 지은 막, 오두막집, 움막, 통나무집

대략 1940년경 이전에 출생 하신 분들은 집과 관련해서 많이 쓰는 말이 있는데 그 중에 움막 하나 꾸려 산다든가, 오두막 하나 의지하여 산다는 말을 잘 썼다. 이 말은 주로 유목민들이 산간 오지에 나무를 베어 막을 짓고, 거처하며 맹수들의 공격을 피해 살았던 통나무집을 Wood(우드)막이라 부른데서 유래한다.

❙❙ Narrow Territory(나로 터리토리): 이를 줄여서 '나루터'로 변형됨

나루터는 바다 등이 좁아지고 물결이 잔잔한 곳을 골라 뗏목 또는 배를 이용하여 건너다니던 곳으로서 물길이 좁아지는 곳이란 의미이다. 애써 살펴 볼 필요도 없이 바다 또는 육지와 접한 강물 등 물길을 건너야하는 나루터로서 좁은 물목에 위치한다. 사람들은 이런 곳을 Narrow Territory(나로 터리토리)라 부른다. 이를 영어와 연결하지 않고는 한문으로든 우리말로든 나루터란 어원을 찾을 수 없다. 이 나루터라는 말은 우리 조상들

에 의해 세계로 뻗어나갔으며 우리의 물목 뱃길 用語(용어)의
뿌리가 녹아있는 영어를 통해서만 '나루터'의 뜻을 해석할 수가
있는 것이다.

15. 지구의 터전과 생명의 물

▐▌ Pool(풀): 물, 샘물, 물웅덩이

이 단어 역시 우리말 '물'에서 변형된 영어로 본다. 물론 영어에서 물은 Water(워터)라고 부른다. 하지만 우리 고대 사람들은 먹는 물은 샘이라고 불렀다. 그 샘은 대개 가두어진 우물 형태의 물이었고 영어에서는 물웅덩이를 Pool(풀)이라고 일컫는다. 즉, 물이 가두어진 수영장도 풀장이라고 부른다. 또한 우리 조상들도 전부다 물이라고 부른 종족만 있었던 것은 아니다. 그렇게 추측되는 이유가 샘물이라는 단어에서 유추된다. 이를 다시 말하면 어떤 민족은 물을 '샘'이라고 불렀고 어느 종족은 물이라고 불러 이를 통합하느라 두 단어를 합쳐서 '샘물'로 외운 것으로 여겨진다.

▐▌ pour(퍼): (물) 퍼, 푸다

우리들은 아무렇지 않게 물 좀 퍼오라든가, 무엇을 푼다는 말을 자주 쓰는데 우리 고대 언어로는 샘터에 가서 물을 퍼온다는 의미로 '퍼' 또는 '푸어'라는 단어를 사용해 오고 있다. 이 또한 우리말이 영어로 변형된 것으로 보는 것이다.

▌ Drink(드링크): 들이키다, 마시다

드링크 또한 우리 고대어로서 들이키다, 삼키다, 물을 켜다 등등에서 영어로 변형된 것으로 본다.

▌ Territory(터리토리): 영토, 터, 터전, 텃밭 등

위 단원에서도 인용했던 것처럼 사람들은 누구의 땅을 누구의 터전이라고 불렀다. 장차는 대지이니, 밭이니 하는 세분된 한문 단어에 밀려 터라는 단어가 사라져갈 말이기도 하지만, 나이 드신 분들 중엔 집터이니, 텃밭이니, 샘터, 놀이터, 장터, 일터 등등 터와 관련된 말들을 아직도 많이 쓰고 있는데 이 또한 우리말 터에서 변형된 영어다.

▌ Food(푿): 밥, 밥풀, 푸성귀

푸드 또한 우리의 밥, 밥풀, 푸성귀 등에서 변형된 영어일 가능성이 크다. 특히 밥풀은 '밥과 푸드'는 같다는 의미로 합쳐 외운 흔적으로 볼 수 있다.

▌ Barley(발리): 보리, 보리밥

보리는 오래전부터 고대인들 주식으로 이용되어 온 것 같다. 언제 어디서 온 곡식인지는 알 수 없으나, 영어에서도 우리 발음과 비슷하게 발리라고 하는 것으로 봐서 우리 언어를 영어권 사람들이 들리는 대로 받아 적어 변형된 것으로 본다.

▌ Vegetables(베지태블): 배추나물, 야채

배추를 영어로는 China Cabbage(차이나 캐비지)라고 부른다.

한문으로는 白菜(백채)지만 중국어로는 Baicai(베이카이)라고 발음한다. 그렇다면 우리 고대인들은 무엇이라고 불렀을까? '배차'라고 불렀다. 아마도 일본 사람들이 조선을 침략해 와서 한글 표준화법이란 것을 만들면서 배차를 배추로 바꾼 것으로 생각된다. 하지만 소상한 이유는 잘 모르겠다. 일본 발음으로는 배추를 白菜(하쿠사이)라고 한다. 이렇게 본다면 배추라는 말은 국적이 없다. 오히려 한자로 白菜(백채)임으로 배차가 백채에 가깝다. 결론은 우리 고대어 '배차나물'이 올바른 발음이며 영어가 이를 옮겨 적으면서 배차나물을 '비지태블'로 잘못 변형시킨 것으로 본다.

ⅠⅠ Yam(얌): 먹다, 냠냠 먹다

보통 우리 조상들은 어린 아기들 밥 먹일 때 냠냠먹자 또는 맘마먹자라고도 한다. 본래 냠냠은 마죽을 의미하지만 대개는 먹는다는 뜻이기도 하다. 유럽의 산간지방 메마른 곳에 사는 사람들 주식으로 '마찜' 또는 마죽을 의미하지만 우리 고령층 어른들이 냠냠이란 말을 쓰는 것으로 봐서 우리 고대 사람도 냠냠을 먹었을 것으로 생각된다. 영어가 우리 조상들로부터 냠냠을 얻어 듣고 알파벳으로 적었거나, 또는 유럽인들로부터 냠냠을 알아내어 영어 사전에 기록했는지는 알 수 없으나, 한국의 고대인들과 어떤 관계가 있었던 것은 틀림없다고 본다. 어쩌면 우리 민족이 영어권으로 이동해 가면서 마죽인 냠냠을 먹는 식습관을 함께 가져갔는지도 모른다는 생각이 드는 것은 아직도 우리 산야에 '마' 뿌리들은 흐드러지게 자라고 있다는 사실이다.

Sour(쏘어): 시다, 쏜다

이 말은 톡, 쏘다 또는 '시'다는 뜻으로서 역시 우리 고대인들로부터 유래하여 오늘날까지도 많이 쓰이고 있는 단어가 영어로 변형된 것으로 본다.

Several(쎄베랄): 여러개, 개개, 몇 개가 있다

이 영어도 우리말 '쎄벨라다', '쎘다' 등에서 변형된 단어로 본다. 1930년대 전·후 출생한 세대는 이 말을 잘 썼다. 예를 들어 밭에 풀이 쎄벨라다든가, 또는 무엇인가를 찾을 때 쓰는 말이다. 가령 산에서 나물을 찾고 있는데 누군가가 산나물이 많은 장소를 발견했다면 여기엔 산나물이 '쎘'다든가, '쌔벨라다'라고 말한다.

Belly Full(벨리 풀): 배부르다

배부르다, 배가 터질 것 같다, 배불대기, 배가 고프다 등등 여러 표현은 우리 조상들 언어이다. 요즘 유행하는 Belly dance(벨리댄스)란 말이 배를 내놓고 흔들어대는 춤이란 뜻은 누구나 알고 있을 것이다. 벨리 역시 우리의 배알에서 유래한 말로서 아직도 우리들은 배알도 없는 ○○이란 단어를 잘 쓰고 있어, 영어가 우리말을 차용하여 쓰고 있다.

Hungry(헝그리): 허기지다

이 또한 우리말로 허기지다는 고대인들 표현을 영어가 차용하여 쓰고 있는 말이다. 약간 변형만 있을 뿐, 오늘날까지도 허기를 느낀다는 말은 곧, 배고프다는 뜻으로 현대 사회에서 통용되고 있다.

Belly Distort(벨리 디스토트): 배알이 뒤틀리다

배알이 뒤틀린다. 이는 배가 아플 때도 쓰는 말이며 누군가가 자신의 기분을 상하게 할 때도 흔히 쓰는 말이다. 이 또한 우리 고대어에서 변형된 영어로 보는 것이다.

Belly Arch(벨리 에크): 배가 아프다

배가 아프다에서 온 말이다. 물론 영어에서는 Stomach ach(스토메크)라는 표현이 있다. 하지만 영어는 어느 한 나라 말만을 사용하는 것이 아니라, 여러 민족의 말들이 복합적으로 녹아있으므로 더 많이 사용되는 단어가 있고, 그러하지 못한 단어가 있다고 생각 된다. 그러나 분명한 것은 스토매크, 끝에 붙는 Ach(에크)라는 표현은 인류 공동의 감정표현일지도 모른다.

Bean(빈): 콩, 빈대떡, 빙떡(콩떡), 비지떡

우리들은 아무렇지도 않게 빈대떡이란 말을 자주 쓰고 있다. 하지만 빈대떡이 과연 무슨 뜻인지를 아는 사람은 별로 없는 것 같다. 지식백과 사전을 검색해보면 빈대떡은 빈자들이 먹는 떡이라고 설명해 놓고 있다. 빈대떡이 녹두를 갈아 만드는 상당한 고급 음식에 속하는데 보리 껍데기라도 먹고 살아야 하던 가난한 사람들이 과연 빈대떡을 붙여먹고 살았을까? 사리에 맞지도 않는 주장인 것 같다. 이런 주장을 하는 학자들 중엔 가난이 어떤 것인지를, 잘 모르는 분들도 있는 것 같다. 진짜로 가난한 사람들이 먹었던 빈대떡은 콩으로 만든 빙떡 즉, Bean Cake(빈 케이크)이었을 것이다. 아마도 그 빙떡은 진짜로 맛이 없어 부자들은 거들떠보지 않는 음식을 가난한 사람들이 먹었을 수도 있다고 본다.

한국말 중에 싼 게 비지떡이란 표현이 있다. 비지란 콩 껍데기나 다름없는 것인데 그것으로 떡을 빚어 먹는다면 정말로 맛이 없었을 것이다. 그런데 비지란 또 무슨 말일까? 아마도 비지가 아니라 Bean(빈)지 일 것이다. 술찌검지(찌꺼기)와 같이 콩껍질(콩찌꺼기)을 일컫는 의미로 빈지를 비지로 부른 것으로 짐작된다. 따라서 비지, 빈대떡, 빙떡, 명빈 등을 종합해보면 우리 고대인들은 콩을 Bean(빈)으로 부른 게 틀림없다고 여겨져 영어가 우리 고대어를 가져다 쓰고 있다고 보는 것이다.

영어사전에서 녹두를 찾아보면 Mung bean(명빈)이라고 나온다. 명빈이란 무슨 뜻일까? 아마도 明國(명국)에서 온 Bean(빈)이라는 의미일 것이다. 물론 콩이 영어로는 Bean(빈)이다. 그렇다면 중국 사람들은 콩을 무엇이라고 부를까? 중국발음은(大豆) Dadou(대도우)라고 한다. 따라서 콩이란 단어는 우리 고유명사로 보이며 또한 녹두는 중국발음으로 Iodou(요두)또는 綠豆(녹두)라고 한다. '綠(녹)'과 '요'는 같은 한문 뜻으로 漢字(한자)를 만들은 민족의 발음일 것이므로 처음엔 두 나라 발음이 같았다가 나중에 변형된 것으로 짐작되며 영어에서 녹두를 Mung Bean(명빈)이라고 부르는 것으로 봐서 서양에 전해진 것은 명나라 때 일 것으로 여겨진다.

그렇다면 우리나라엔 언제부터 콩이 있었느냐가 궁금한데 콩이 우리 고유명사인 것을 감안한다면 우리나라가 중국보다 먼저 재배하던 식물은 아니었을까도 생각하게 된다. 綠荳(녹두)는 즉, 녹색 콩이란 뜻이고 중국발음으로는 Meng dou(멩도우)라고 한다. 明荳(명두)란 한자 표기는 우리나라에서 사용하는 한자와 좀 달라 중국식 한자의 '명두'이나, 컴퓨터 호환이 안 되어 우리가 사용하는 한자로 표기했지만, 발음상 "멩도우"는 모두 큰 콩을 의미하는 말이다. 녹두도 콩처럼 고대로부터 있어 왔는지? 아니면 명나라에서 온 것인지는 아직 밝히지 못했다. 하지만 나이 드신 분들일수록 녹두만을 명빈이라 부르는 것으로 봐서 후세에 들어 온 것으로 짐작되며 콩은 명빈으로 부르지 않고 그냥 콩으로 부르는 것을 볼 때 우리 고대 사람들이 재배하던 곡식으로 생각 된다.

우리 고대어 중에 빙떡이란 게 있었다. 그 음식은 콩을 갈아 빈대떡 형태로 만들어 먹었지만 그 맥이 끊겨 이를 아는 사람이 없다. 빈대떡이란 우리만의 고유 명칭이다. 중국에도 부침개를 의미하는 Jianbing(지앤빙)이란 음식이 있는데 이는 우리말 '전'과 '콩'을 일컫는 것 같다. '전'은 우리가 사용해온 부침개를 일컫는 말로서 대개 명절이나 제사 등 어떤 행사가 있을 때 전을 만들어 먹는 풍습이 있다. 이와 관련하여 중국어로도 '지앤빙'이란 부침개가 있는 것으로 볼 때 전이란 우리말을 중국이 지앤빙으로 고쳐 쓰는 것인지 아니면 중국의 지앤빙을 우리가 '전'으로 고쳐 쓰는지 잘 모르겠으나, 같은 어족인 것으로 여겨지기는 한다.

제주도 지방에 빈대떡 원조로 짐작되는 빙떡의 명맥이 남아 있기는 한데, 메밀을 갈아서 만든 떡으로 알고 있다. 이는 제주도 기후 등 토양의 특성상 콩의 재배가 잘 안 되는 데 따라, 메밀가루로 대신 떡을 만들어 먹었는지, 아니면 콩이 맛이 없어 메밀로 대신하면서도 이름만은 그냥 콩떡을 의미하는 빙떡으로 유래하는 것인지는 알 수 없다. 하지만 원래 빙떡이란 콩으로 만들어 먹었던 음식이었으나, 명빈이 들어오면서 콩 대신 녹두로 바뀌고 이름도 빈대떡으로 변형된 것으로 본다.

우리 고대 사람들은 곡식을 돌로 갈아서 가루를 재료로 음식을 만들어 먹었는데 근대 사회에서처럼 둥근 맷돌을 만들어 사용한 게 아니라 자연계에 흩어져 있는 '돌판'을 주어다가 포개 얹고, 그 사이에 곡식을 넣은 뒤 두 사람이 양쪽으로 밀어서 곡식을 갈았다. 그 이유는 통으로는 삶아도 소화가 잘 안 되는 곡식인 밀 또는 콩 등을 밀돌로 으깨어 갈아서 음식을 만들어 먹었던 것이다. 예를 들어 한 사람이 윗덮개 돌판을 상대쪽으로 밀면 반대쪽 사람이 되받아 미는 방법으로 곡식들을 갈았기 때문에 미는 돌이라는 의미로 밀돌의 어원이 그냥 '밀'로 바뀌었고 현대사회에 와서는 맷돌로 바뀐 것이다. 하지만 맷돌의 어원은 貊(맥)돌 즉, 맥족이 사용하던 밀돌이란 의미에서 온 말이다.

▮▮ Mill(밀): 밀, 밀돌, 貊石(맥돌) 맷돌

고대 사람들은 貊族(맥족)이 사용하던 '맷돌(貊石=맥돌)'을 그냥 밀고 당기는 방식으로 사용했기 때문에 이 기구를 '밀'이라고 불렀던 것으로 본다.

영어권에서는 Wheat(휠)을 '밀'이라고 한다. 옛날에 밀농사가 번창할 때는 밀은 우리 식생활 깊숙이 자리 잡고 있었으며 때문에 밀과 맷돌은 뗄 수 없는 관계로 인식되어 아예 맷돌과 wheat(휠) 즉, 밀을 합쳐서 '밀'이라고 불렀을 것으로 짐작된다. 그런데 영어에서는 제분소만을 Mill(밀)이라고 부른다. 또한 Milling(밀링)이란 쇠붙이를 갈아서 다듬는 연마용 기계인데 현대적인 공작기계 제작에 없어서는 안 되는 중요한 것이다. 그 또한 원리는 우리가 사용하던 고대인들 밀돌에서 유래된 것을 현대에 와서는 밀돌이 쇠붙이로 바뀌고 밀어서 사용하는 기능을 돌리는 기술로 바꿔 전기모터로 교체 되었을 뿐, 그 원조는 우리 고대인들에 밀어서 갈던 기술에 뿌리가 닿아있다. 따라서 제분소를 의미하는 Mill(밀)이라는 단어도 우리 고대어 밀어서 제분하던 밀돌사용에서 유래한 영어로 변형된 것으로 본다.

16. 무기체계와 영어

Thunder(썬더): 천둥

Thunder chief(썬더 쉐이프)는 미국 전투용 폭격기로서 천둥 소리와 같은 의미로 만들어졌다. 아직도 미 공군에서 일부 사용하고 한국 공군에도 상당수 한때 주력 폭격기이며 Thunder(썬더)는 우리말 천둥에서 온 것이다. 사실! 천둥은 하늘을 움직일 듯 강렬한 굉음을 내는 天動(천동)의 뜻이다.

Thunder Chief(썬더 쉐이프)는 1980년 이후까지도 미군이 각 전선에서 활약하던 F-106 Delta Dart가 실천배치 되어 맹활약했다.

Tomahawk(토마호크): 도끼, 도끼 타입 미사일

이 무기는 우리말 도끼에서 따온 것이며 마치 공격 대상을 도끼로 찍어내는 듯 파괴력을 가지는 무기란 뜻이다. 아무리 과학문명이 발달한 미국이지만 그 무기개발의 발상은 우리 조상들이 산에 가서 나무하다가 맹수들 습격을 받으면 도끼를 들고 대적했던 우리 조상들 고대 무기를 본떠서 발전시켜 사용하고 있다.

Tomahawk Missile(토마호크 미사일): 도끼, 화살

미국에서 개발한 순항 미사일로서 함정, 잠수함 등에서 발사하는 터보팬기관, 추진기능의 순항미사일이다. 이 토마호크 미사일은 화살이 날아가듯 한다는 뜻이다. 해상은 물론, 지상의 적진을 도끼로 찍어내듯 정확히 파괴하는 획기적인 첨단 무기다.

Crus Missile(크루즈 비쎌): 항아리 미사일

크루즈의 정확한 뜻은 항아리, 주전자로 되어있다. 하지만 그것은 어디까지나, 영어 사전적 뜻이고, 우리나라는 말로는 그냥 '그릇'이다. 이를 다른 말로 바꿔 이야기하면 그릇 형 미사일이라는 뜻이다. 물론 영어에서 그릇을 Vessel(비쎌)이라고도 하며 Container(콘테이너)라고도 번역한다. 하지만 비쎌은 배를 가리키기도 하며 콘테이너 또한 커다란 카고 형을 의미한다. 따라서 크루즈는 분명 그릇(항아리)에서 변형된 영어로 본다.

Missile(미사일): 살, 화살, 돌팔매 포탄 등

미사일은 우리 고대어 '살'에서 온 말이다. 화살은 활에서 쏜, 살이란 뜻이고 본래 '살'이다. 따라서 미사일은 쏘아 보낸다는 뜻으로 Dart Missile(다트 미사일), 또한 비슷한 뜻으로 다트놀이의 투창도 미사일에 해당한다. 다트도 화살처럼 튕겨 쏘거나, 던지는 힘에 의해서 밀려 나가는 것이다. 살이란 우리말로서 밀어서 날아간다는 뜻으로 영어에선 '미사일'로 변형된 것이다. 그 살에 포탄을 실어 보내는 원리를 활용하여 영어권에서 미사일이란 군사용무기로 사용하고 있으나 원래가 '살'은 우리 고대인들 전쟁에서 적을 무찌르던 주요 무기인 화살이다.

▐▌ Rocket(로케트): 쏘아 올리는 기구 (돌팔매) 등

Rock(락 또는 록)바위는 우리 고대어이다. 본래 Rock(록 또는 락)은 잠근다, 단단하다, 바위 등의 뜻이다. 우리 조상들은 바위를 너럭바위니, 락 바위이니 하는 명사로 사용해왔으며 이는 바위를 Rock(락)이라고 부르는 종족과 바위라고 부르는 종족간의 소통을 위해 단어를 합쳐 외운데서 비롯된 것으로 여겨진다. 서양으로 이동해 간 우리의 일부 종족들은 바위를 락이라고 불렀을 것이며 영어는 그것을 알파벳으로 기록한 것이다. 하지만 국내에 남은 종족은 바위, 돌을 그대로 바위라고 부르는 사람들이 많았고 세월이 지나면서 Rock(락) 바위로 부르던 사람들은 상대적으로 적어졌으나, 아직도 나이 드신 분들은 바위를 락 바위이니, 너럭바위로 부르는 분들이 더러 있다. 그와 관련하여 로케트은 돌팔매라는 의미다. 그 돌팔매에 포탄을 실어서 날려 보내는 기능을 가진 게 '로케트' 포탄이다.

▐▌ Mortar(모타): 迫擊砲(박격포)

모타는 우리 고대어 절구통이다.

영어에서는 迫擊砲(박격포)를 Trench Mortar(트렌치 모타)라고 발음한다.

Trench(트렌치)는 참호, 진지, 구덩이 등을 의미한다. Mortar(모타)는 우리 고대인들이 사용하던 절구통이란 뜻이다. 따라서 迫擊砲(박격포)는 절구통에 절구대가 박아 찧는 것 같은 기능이다. 박격포의 迫(닥칠 박) 자를 우리말로 바꾸면 박는다는 뜻이다. 擊(칠 격) 자는 치고 때리는 攻擊(공격)을 의미한다. 그래서 이를 종합하면 웅덩이 참호 속에 숨어있는 적을 절구통에 담아 찧는 듯 포격을 가한다는 뜻이다. 절구란 손으로 무엇인가를 빻거나 찧는 기구로 사용하던 고대의 가정생활필수품으로서 우리 전통가구다. 하지만 절구와 '모타'란 용어의 관계는 좀 더 연구해봐야 할 숙제로 남겨둔다. 재미있는 것은 박격포가 절구통을 내리 찧는 공격무기를 의미하는 것이다. 따라서 우리 부모 세대가 방아 찧는다고 발음하는데 사실은 '박아 찌다'에서 온 말이다. 참고로 여기서 이야기하는 절구통 Motar(모타)는 전기 Motor(모타)와 Spelling(스펠링)이 다른 의미다.

ꜰꜰ Scud(스커드): 스커드미사일

(화살) 따위가 질주하다, 돌풍, 비구름 또는 바람을 타고 날아간다 등등으로 순항미사일이란 뜻을 가지는 말이다. 위에서 살펴 본대로 오늘날 세계의 무기체계도 결국은 우리 고대에 사용하던 도구들 기능을 응용하고 있음을 알 수 있다.

ꜰꜰ Bomb(밤브): 暴彈(폭탄)

폭탄이란 무슨 뜻일까? 暴(터질 폭) 彈(탈 탄)이, 탄 자의 또 다른 뜻은 '탄알 탄'이라고도 한다. 탄알 탄은 아마도 후에 덧붙여 넣은 뜻이고, 본래 뜻은 탈 탄이다. 즉, 고대 사람들은 전쟁할 때 적에게 무엇인가, 발화물질을 던져서 적의 물질들을 태우는 목적을 가진 전투용 무기가 폭탄인 것이다. 어쩌면 불을 피워놓고 불붙은 숯불덩어리를 던지거나, 조개껍질이나, 흙 또는 무엇인가에 불씨를 싸서 적진에 던지면 초막이나 북데기에 떨어져 흩어지면서 불이 붙어 타도록 하는 일종의 화공무기로 사용하다가 화약이 발명되고 쇠붙이가 만들어지면서 현대적 살상 무기인 폭탄으로 변형 발전했다.

그런데 문제는 Bomb(밤브)가 폭탄으로 변형되었는지, 고대에 불똥을 싸서 적진에 던지던 어떤 종류의 기구가 있어 그것이 '봄 브'란 비슷한 용어를 사용했는지는 아직 어원을 밝히지 못했다.

⏸ Kill(킬): 찌르다, 죽이다

우리들은 전쟁에서 공격한다는 말을 쓰고 있다. 그렇다면 공 격이란 정확한 뜻은 과연 무엇일까? 공격(功擊; 功(칠 공) 擊(칠 격))이란, 친다는 뜻이다. 친다는 뜻은 즉, 몽둥이로 치거나 찌 른다는 말이다.

아주 고대엔 오늘날처럼 다양한 무기가 있었던 게 아니고 몽 둥이와 나무 끝을 뾰족하게 갈아서 적을 때려서 치고 찌르며 싸웠을 것이다. 그래서 공격 구호가 오늘날 한문의 용어처럼 '공격하라'가 아니었을 것이다. 어쩌면 '찔러라, 쳐라'라고 소리 쳤을 것으로 짐작된다. 그러다가 발전된 것이 소위 비파형동검 같은 것들을 만들어 썼을 것이고, 그것도 전체 군사들 모두가 무장하는 것은 아닐 것이다. 많은 수의 卒兵(졸병)들은 여전히 몽둥이와 나무 꼬챙이(창)를 주요 무기로 무장하고 싸웠을 것 이다. 그래서 찔러, 쳐라, 소리치다가 훗날 영어가 이를 받아 적 은 게 비슷한 발음인 찔러가 Kill(킬)로 변형된 것으로 본다.

▐▌ Beat(비트): 때리다, 패다

적어도 80년대까지는 군대 다녀 온 사람들 누구나 한번쯤은 맞아 봤을 것이며 우리들은 그것을 소위 '빳따' 방망이라고 기억할 것이다. 비트는 패다라는 뜻이다. 북을 치는 것도 드럼을 비롯한 타악기를 연주하는 도구들을 비트라는 방망이로 두드려 팬다.

▐▌ Fight(파이트): 패대기, 파이팅, 싸우다

우리들은 흔히 무슨 일을 시작하기 전에 파이팅을 외친다. 아마도 용기를 북돋아 싸워서 이기라는 기원 의미로 받아들여지고 있다. 그러나 익히 아는 바와 같이 파이팅은 싸운다는 뜻이다. 고대인들의 싸움은 몽둥이로 때리고 찌르며 달라붙어 멱살 잡고 메어치는 패대기치기로 싸우는 방법이었다. 따라서 파이팅도 여러 병사들이 얼크러져 肉薄戰(육박전)을 벌일 때의 패거리들 싸움을 일컫는 우리의 패대기치다에서 변형된 영어로 보는 것이다. 그래서 파이팅은 곧 '패대기치자'에서 변형된 영어다.

▐▌ Soldier(쏠저): 군인, 卒兵(졸병), 군졸

그리 멀지 않은 역사로 거슬러 올라가면 포졸, 군졸, 병졸 등의 용어가 등장한다. 우리 조상들은 거느리는 아랫것들을 말할 때 나졸이니, 家卒(가졸=가솔)들이란 말을 써 왔다. 영어는 치사하게 우리의 卒(졸) 또는 '가솔'을 가져다가, 앞자리는 빼고 졸만을 변형시켜 Soldier(쏠저)로 사용한다.

17. 불과 관련한 영어

Blaze(블라즈): 불라, 불라다

블라즈란 말은 '불라'에서 온 말로 본다. 물론 영어에서는 Fire(화이어)라는 단어를 사용한다. 그렇다면 화이어는 어디서 온 말일까? 우리들은 불이 탈 때 활활이라는 말을 쓴다. 또한 불을 피우다라는 말도 쓴다. 피우다, 활활, 확 등은 어쩐지 화이어와 비슷한 투다. 그리고 화이어는 불을 피울 때만 쓰는 단어도 아니고 총이나 포탄 등을 쏠 때도 쓴다.

Volcano(불카노): 화산폭발, 불이 칵 놓다

우리 조상들 언어는 무엇이 나온다가 아니라 놓다. 즉, 아를 놓다 등을 썼다. 경상도지방 사람들은 아직도 '놓다'라는 말을 쓰고 있으나, 우리는 그 말을 특정지방 사투리라고 받아들인다. 노령 층 사람들은 아직도 불이 나거나 화산이 터져 불이 확확 일어나는 것을 보면 '불 칵칵 놓다'라고 소리치는 분들이 있다. 그것을 알파벳으로 받아 적어놓은 게 Volcano(불카노)라는 개연성을 떠 올린다. 설사, 그런 사투리는 아닐지라도 불이라는 말은 우리 민족이 고대로부터 사용해온 순수 우리말임에 틀림없으며 이 또한 영어가 차용하여 쓰고 있다.

❚ Burn(번): 벌겋게 타다

불이 벌겋게 탄다는 의미로 벌겋다는 우리 고대어를 받아 적은 것으로 짐작된다.

❚ Burn Cloud(번 클라우드): 번개, 번 클라우드, 구름이 탄다

우리 고대인들은 번개를 구름이 타는 현상으로 본 것이다. 이는 틀린 관점도 아니다. 기압골에 구름이 묶이게 되고 그곳에 함유된 자연계의 기(전기)가 충돌하여 불꽃이 튀는 것이니, 구름이 탄다고 볼 수가 있었던 것이다. 옛날에 무당들 굿판에서 실제로 번개를 만들어 내기도 했다. 고대어로는 벅구(번개)친다고 했는데, 그 내용은 송진이 함유된 나무껍질을 말려 빻아서 가루를 만들어 두었다가, 굿판 의식이 행해질 때 귀신을 쫓아낸다며 말려 두었던 관솔을 짚으로 엮어 묶음을 만들어 불을 붙이면 그게 횃불이다. 그 활활 타는 횃불에 송진 가루를 한 줌씩 뿌리면 마치 번개가 치듯 순간적인 불꽃이 확, 번진다. 어쩌면 오늘날 불 쇼라는 이름으로 공연되는 기름 묻은 솜방망이에 불을 붙인 다음 석유를 입에 담아 뿜으면 불꽃이 일어나는 것과 같은 이치로 Burn Cloud(번 클라우드) 즉, 구름 태우기의 현상인 번개를 흉내 낸 것이 번개(벅구)치기라고 한다.

이런 행위는 우리 역사에 제천의식과 관련이 있는 것으로 하늘에서 번개가 칠 때는 온 세상 사람들이 한마음 한뜻이 되어 착해진다는 것이다. 왜냐하면 번개의 불똥이 어느 사람에게 떨어져 이른바 벼락을 맞을지 모르기 때문에 각자의 잘못된 삶들을 뉘우치며 하늘이 자신의 죄를 용서하고 자신에게만은 벼락을 치지 않기 바란다는 것이다. 그 까닭은 세상엔 수많은 귀신들이 있는데 잡귀신을 다스리고 죄지은 인간들을 심판하여 처단할 때 하늘은 이를 꾸짖어 천둥으로 호령한다고 믿었다. 그래서 죄가 있는 귀신들은 음습한 나무그늘 또는 허술한 폐가 같은 곳으로 숨어들게 되고 그런 곳에 숨은 악귀들을 번갯불로 태워 죽인다고 믿었다. 때문에 賢者(현자)들은 천둥 번개가 칠 때 착한 사람들은 나무 밑이나, 허술한 집 헛간 같은 곳에 은신하지 말라고 가르쳤던 것이다. 귀신 이야기만 다를 뿐, 벼락을 피하는 방법에 있어서는 습한 곳에 머무르지 말라는 오늘날의 현대과학이 밝히는 避雷(피뢰)조언하고도 일치한다.

ᛁᛁ Fire Sun(화이어 썬): 해 썬, 해 살

우리 조상 중에 해를 화이어 또는 해라고 부르던 종족과 썬, 이라고 부르는 종족이 함께 살았을 것이다. 그들의 언어를 소통하기 위하여 "해는 썬이다."라는 의미로, 두 단어를 합쳐서 외우는 과정에서 해와 썬을 햇살로 변형한 것으로 본다. 해도 Fire(화이어)에서 따온 말이다. 이른바 우리 조상인 환인들도 해의 환하다는 의미에서 온 말이라고도 한다. 환을 하늘이라는 뜻이라고도 해석하고 있으나, 좀 다른 측면으로 보면 불이 있으면 환한 것은 당연하다. 관련하여 해를 불로 본 것이며 또한 그게 과학적이기도 하고 정확한 관점이라고 생각된다.

18. 천체 관련

▐▌ Bright(브라이트), Brilliant(브릴리안트): 빛, 불빛, 별빛 등

위에서 언급한 바와 같이 햇빛은 Fire Bright(화이어 브라이트) 즉, 불빛이어야 맞는다. 해가 환하다는 말은 불빛이 환하다는 의미와 같다. 그래서 사람들은 브라이트 또는 브릴리안트를 별이라 부른 것이다. 물론 별빛은 직접적으로 뜨거운 불빛은 아니지만 불빛처럼 보였기 때문에 불빛으로 봤던 것 같다.

▐▌ Flash of lightning(플라쉬 라이닝): 번갯불

서양인들은 우주 자연계를 보는 관점이 우리와는 조금 달랐다. 태양을 하나의 빛으로 봤으며 번개를 Lightning(라이트닝)이라 부른다. 우리 조상들은 번개를 Burn Cloud(번 클라우드), 즉 구름이 타는 것(번개)으로 본 반면 서양 사람들은 불빛이 직접 타는 게 아니고, 마치 플래시 불빛처럼 단순한 빛으로 본 것 같다.

▐▌ Bolt Lightning(볼트 라이닝): 불빛, 벼락

Bolt Lightning(볼트 라이닝)과 벼락은 어떻게 다를까? 즉, 번개에서 변형된 영어로 본다. 우리 조상들은 벼락 맞아 죽는 것을 가장 무서워했으며 증오의 대상에게 벼락 맞아 죽을 놈이란 말을 많이 써 왔다. 그 말은 우리 조상들만 써 왔던 것으로 볼트 라이트닝, 또한 벼락을 맞는다는 우리 고대인들의 표현이 영어로 변형되었을 것으로 짐작된다. 하지만 영어권에서는 '썬더'라든지, 다른 말로 쓰기도 한다.

‖ Star(스타): 별 행성 따위

서양 사람들은 별을 행성으로 보고 있었던 것 같다. 그런 정황으로 봐서 영어권에서 별에게 스타라는 명칭을 부여한 시기는 그리 오래 되지 않았던 것으로 짐작 된다. 따라서 스타란 단어가 탄생된 것은 우주에 떠도는 행성을 밝히는 현대과학 태동 이후에 별을 Star(스타)로 부른 것으로 보는 이유다. 물론 인류가 세상에 나와서부터 해와 달 그리고 별들을 끊임없이 관찰했을 것으로는 생각된다. 우리 조상들도 수천 년 전부터 별들을 관찰했을 뿐 아니라, 별을 Bright or Brilliant(브라이트 또는 브릴리안트)로 불렀을 것으로 여겨진다는 것은 위에서도 언급한 바 있다. 그와 관련하여 서양 사람들은 혜성처럼 나타나는 유명인사를 가리켜 스타라는 표현을 쓰고 있는 것으로 볼 때 우리 조상들 보다는 별을 관찰한 시기가 뒤늦은 것은 아닐까, 생각하게 된다. 여러 정황으로 볼 때 우리가 별을 관찰한 역사는 상당히 오래 전부터이며, 아주 체계적으로 별들 위치도까지 그려놓고 이동경로도 연구하여 계절 변화를 알아낸 것으로 판단되어 천문학 연구가 서양보다 앞섰던 것으로 믿어진다.

◖◗ 天象列次分野之圖(천상열차분야지도)

천상열차분야지도란 천상의 '차이'를 분야별로 나열해 놓은 그림이란 뜻이라고 한다. 여기서 '차이'는 목성 항로를 기준으로 열두 구역을 말하고 '분야'란 하늘의 별자리를 구역별로 나누어 해당지역을 대별한 것을 의미한다. 이 비석은 국립 고궁박물관 과학실에 있다. 태조4년(1395년)에 평양에 있던 고구려 비석을 각석한 천문도인 '平壤星圖(평양성도)'를 탁본한 것에 기초하여 돌에 새긴 것으로 국보 228호로 지정된 천상열차분야지도 刻石(각석)이라고 명명했다. 태조본은 세계에서 가장 오래된 천문도 가운데 하나로서 우리의 위대한 역사보물이라 하겠다.

이 비석은 뒷면에도 같은 그림이 새겨져 있으며 배치가 조금 바뀌고 내용이 세련되었으며 세종15년에 다시 추가하여 복각한 것으로 세종본이라고 불리고 있다. 하지만 숙종13년(1687년)에 원형보존을 위해 또 다른 탁본을 이용하여 李敏哲(이민철)이란 장인에 의해 복각되었다고 한다. 또한 영조46년인 1770년에는 관상감 안에 홍경각을 지어 이 두 개의 비석을 함께 보존했다. 그러다가 1908년에 대한제국의 제실박물관으로 옮겨졌으며 현재는 두 개의 비석을 국립 고궁박물관에 전시하고 있다. 조선조에는 이 비석을 탁본하여 인쇄물을 만들어 고관대작들이 나누어 가진 사례가 있어 아마도 가문에 따라 그 비석탁본들을 개인적으로 보관하는 사람도 있을 것으로 생각된다.

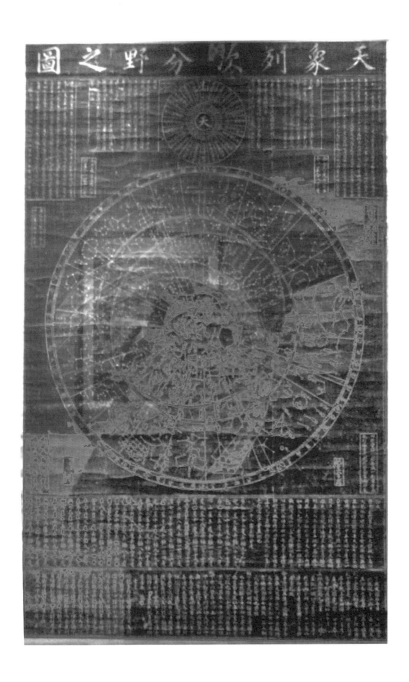

그렇다면 과연 천문도엔 어떤 내용들이 담겨있나? 이 비석을 최초로 판독한 사람은 평양합성 숭실대학 교수 Cal W RuFus (칼 루퍼스)라는 사람이다. 이 교수는 1913년에 이 비문을 판독하여 영어와 한문으로 논문을 써서 서양세계에 널리 알렸으며 이로 인하여 영국의 과학자 Joseph Needham(조셒 니덤)을 비롯한 관심 있는 학자들이 대한민국 천문도에 관해 연구한 바에 의하면, 천상열차분야지도 속에 정치사상을 비롯한 고대 한국인의 천문지식 정도를 나타낸다는 것이다.

천문도를 자세히 살펴보면 적도와 황도가 그려져 있고, 북극을 중심으로 1,467개의 별들을 크고 작은 점으로 표시했는데 그 차이는 밝기를 나타내는 정도로서 밝은 별은 큰 점이라고 보면 된다. 따라서 각 별자리의 명칭을 해당 위치에 표시했고, 바깥쪽의 원형 주변에는 28숙(二十八宿) 즉, 모든 별자리를 북극성 중심의 28개 구역으로 나누어 이름을 적고 큰 원과 작은 원 사이에 공간을 별자리수로 나누어 별자리 위도를 알기 쉽게 그렸다. 이 별자리들을 판독하면 中星紀(중성기) 즉, 24절기와 새벽의 자오선을 통과하는 별자리까지 정교하게 새겨져 있다.

그런데 문제가 생겼다. 이 별자리들을 새기려다 보니, 고구려 시대로부터 많은 세월이 지난 탓에 별자리가 이동하여 시간 측정 기준이 되는 중성기가 상당히 달라진 것이었다. 당시 조선의 서운관에서는 이런 문제들을 검토하여 이성계에게 보고했다. 그렇지만 이성계가 천문연구가도 아닌 바에야 특별한 식견이 있을 리 없었다. 결국은 천문연구가들이 알아서 하라는 허락을 얻어 천문 추산담당 유방택과 물시계 관리자 등 천문과학 연구자들이 숙의 끝에 고구려시대 평양의 자오선을 한양의 자오선에 맞춰 中星紀(중성기)를 고쳐서 해가 뜨고 지는 시각을 기준으로 재조정했다는 것이다. 따라서 1398년에 물시계 更漏(경루)도 새로 만들었고, 저녁을 알리는 黃昏大鐘(황혼대종)도 제작하여 설치하는 등, 조선시대 표준 시각을 알리는 시스템을 구축했다. 그렇게 개수가 끝나자, 權近(권근)으로 하여금 천문도 탁본의 유래와 중성기의 개수와 관상수시의 중요성을 강조하는 조선왕조의 개창과 경천근민의 실천요강 등이 담긴 天文圖誌(천문도지)를 작성하고 楔慶壽(설경수)는 관련 글을 지었다.

‖ 우리 조상들 우주관

선사시대의 고인돌을 조사해보면 球形(구형)에 가까운 넓은 덮개돌을 기둥으로 받쳐 놓고, 그 공간에 시신을 넣는 형태이다. 이 덮개는 하늘을 형상화하는 것이며 시신이 누운 자리는 물론 땅이다. 그리고 좀 규모가 있어 보이는 고인돌의 덮개엔 북두칠성이 새겨져 있다. 더러는 다른 별을 상징하는 그림들도 각인되어 있다. 이를 종합하여 의미를 찾는다면 덮개돌은 하늘을 상징하고 하늘을 떠받히는 기둥사이로 망자의 시신이 누어 있는 꼴이다.

고인돌의 덮개에 별이 있다는 사실로부터 덮개가 하늘을 의미한다는 믿음을 더 확연하게 한다고 할 수 있다. 망자와 하늘, 그리고 북두칠성은 어떤 역학 관계를 가지고 있을까? 아마도 우리 조상들에 우주관은 인류의 조상이 하늘로부터 왔다고 믿는

것이며 그 대상은 북두칠성을 비롯한 어느 별에서 온 외계인을
조상으로 믿고 있다는 것을 간접적으로 표현한다고 볼 수 있다.

더욱이 그 가능성을 뚜렷하게 하는 것은 망자를 수습할 때
칠성판을 등에 댄다는 사실이다. 옛날사람들은 누가 죽었다는
표현을 은유적으로 칠성판을 졌다고도 했다. 물론 칠성판을 대
는 이유는 시체를 온전히 보전하고자하는 바람에서이다. 하지
만 어차피 땅속에 썩어 흙으로 돌아갈 시신을 그리도 반듯하게
보존해야 할 이유가 있을까? 하지만 거기에는 우리 민족만의
중요한 비밀이 숨어있는 것이다. 우리들은 하늘에서 온 천자의
후손이며 죽어서 다시 하늘로 돌아가는데 그곳은 곧, 어느 별이
라는 신앙을 가지고 있었던 것이다. 북두칠성을 특별히 기억하
고 신앙으로 여기는 것으로 봐서 그 별들 중에서 온 조상의 후
손이라고 믿는 듯하다.

그렇다면 그 신앙의 실체는 무엇일까? 2014년 3월의 어느 날
경상남도 지방의 하늘에서 별똥(운석)이 떨어져 세간의 화제에
오른 사건이 있었다. 그것은 희귀한 일도 아니며 45억 년, 아니
50억 년 전쯤, 우주 공간에 大爆宏(대폭굉)이 일어나, 혼돈의 단
계를 거치면서 수많은 운석들이 부딪치고 합성하여 태양도 생겨
나고 달, 지구 등 많은 별들이 생성하고 소멸되면서 오늘날의 지
구 등으로 새로운 우주질서가 다시 태어났다는 게 과학자들의
견해다. 필자도 이 학설을 믿는 바이며 매우 신빙성이 있다. 따
라서 우주공간에는 그 때 합성하지 못했거나 떨어져 나간 위성
찌꺼기들이 떠돌다가 태양으로 빨려 들어가 불길을 더 보태기도

하고, 물론 다른 별들과도 충돌하는 경우가 종종 있다. 수년전에 러시아의 우랄산맥에 낙하한 운석들을 주어다가 2014년 소치 동계올림픽 메달로 만들어 선수들에게 나누어주었으며 아마도 우리 선수들 중에도 몇몇 선수가 받아온 것으로 보도되었다.

본론으로 돌아가 우리가 살고 있는 지구는 수많은 별들이 합성되어 만들어진 하나의 거대한 위성이다. 그러한 이 지구에서 약 35억 년 전부터 산소가 생성되고 활발한 진화가 이루어져 대략 200만 년 전후하여 인류가 출현했다면 인간의 씨앗은 우주로부터 온 것이 맞는다. 물론 외계인이 직접 왔을 수도 있겠으나, 그런 정황이 아직은 과학적으로 증명된 바 없으며 단계적인 진화의 흔적은 과학이 어느 정도 밝혀주고 있으므로 진화론에 근거하더라도 그 진화의 모체인 아미노산의 토양적 근원은 우주의 별일 수밖에 없는 것이다. 어쩌면 그래서 우리들은 자체적인 DNA의 친화력에 의해 우주의 별을 고향처럼 생각하는 지도 모르겠다.

그런 맥락에서 본다면 쇠락해 가고는 있지만 현대까지도 진행형인 우리의 매장 문화를 한번 따져 보자. 고대로부터 내려오는 우리나라 무덤 형태를 살펴보면 前方後圓(전방후원) 방식이다. 즉, 앞은 네모지고 뒤는 둥글다는 것이다. 이를 자세히 설명하면 묘 테두리에 해당하는 반원형의 둘레는 흔히 울타리에 비유하기도 하는데 이는 잘못된 견해다. 즉, 하늘을 형상화하는 반원의 그림이다. 그리고 무덤 앞에는 네모 형태로 각을 두어 그곳에서 제사의례를 행하는데 이는 곧 땅을 의미하는 것이다.

고대 사람들은 하늘이 둥글고 땅은 네모지다고 여겨왔으므로 하늘 전체를 그릴 수 없으니, 반원의 둘레로 나타내는 것이며 땅 또한 전체를 네모지게 할 수 없으므로 반쪽만을 형상화하여 하늘과 땅이 반반씩 조화를 이루도록 무덤을 축조하는 것이다.

여기서 가장 중요한 것이 봉분인데 둥근 부분이 망자의 다리이며 하늘 쪽인 즉, 묘 테두리를 향하고 있는 꼬리 부분이 망인의 머리에 해당한다는 사실이다. 언뜻 생각하면 Un Balance(언바란스) 같기도 할 것이다. 하지만 이를 과학이란 테크닉을 대입해보면 이해가 될 것이다. 사람이 하늘과 땅 사이에 살다가 죽어서 조상의 고향인 하늘나라 어느 별에 돌아가자면 머리를 하늘 쪽으로 두고 올라가야 한다. 그런데 머리가 크면 공기 저항 때문에 하늘로 올라가는데 지장이 있다. 그러기 때문에 과학문명이 발달한 현대적 장비인 모든 인공위성들도 머리 부분이 뾰족하여 공기저항을 줄이면서 기층을 뚫고, 우주로 날아가는 것이다. 그래서 망자도 머리 부분을 뾰족하게 처리하여 하늘에 해당하는 둘레까지 연결해둠으로써 우주의 별로 돌아가기 쉽도록 하는 墓葬(묘장) 제도를 채택하고 있는 것이다. 또한 고대인들 머리위엔 상투를 틀어 올렸는데 그 중심엔 동곳이란 못을 박아 머리칼을 고정시킨다. 동곳의 종류로는 玉(옥)동곳이 있고 금, 은, 구리 등을 사용한다. 어느 학자의 주장에 따르면 상투는 하늘에 자신을 알리는 Antenna(안테나)이자, 피뢰침이라는 주장도 있다.

하지만 이를 이해하는 사람들은 많지 않다. 또한 전문가라는 사람들조차도 묘, 테를 가리켜 성벽을 의미한다든가, 울타리에 해당한다는 등에 의견이 다르다. 하지만 우리 민족이 제천의례 문화를 가지고 있으며, 북두칠성을 숭상하고, 망자에게 칠성판을 착용하는 등 여러 정황들을 종합해 볼 때, 우리 민족만이 진정한 하느님의 아들이라는 사상을 가지고 있다는 믿음을 가지고 있다. 전 세계를 통틀어 우리처럼 하늘과 연관된 신앙을 가지는 사람들이 없으며 하느님의 아들이라는 예수를 믿는 기독교인들조차도 무덤을 평평하게 만들고 로마제국의 범죄자들 사형 틀에 상징인 십자가를 세우는 것은 전혀 이해할 수가 없다. 위에서 검토한 여러 정황적 사례들을 종합하여 필자가 내린 결론은 우리 민족이 가장 합리적으로 사리에 맞게 하늘을 숭배해 온 문화를 가지고 있으며 그 뿌리는 어쩌면 이 지구상의 최초 인간을 조상으로 둔 민족이 아닌가를 강하게 느끼고 있다는 사실이다.

ꤘ Mountain(마운틴): 뫼 山(산)

우리는 본래 산을 뫼라고 불렀다. 그러나 한문이 들어오면서 뫼를 山(뫼 산)자로 바꾸어 쓰기 시작했다. 우리 고대어는 마운틴이지만 이를 줄여서 뫼라고 불렀으며 "태산이 높다하되 하늘 아래 뫼로다"와 같이 뫼가 우리 고대어 산을 지칭하는 명사이다.

ꤘ Dolmen(돌멘): 바위와 돌을 합쳐 외움

위에서 언급한 대로 고인돌은 선사시대의 돌무덤으로서 전 세계적으로 우리나라에 가장 많이 분포한다. 우리는 그것을 고인돌이라고 부르고 있으나, 영어에선 돌멘이라고 부른다. 우리가 흔히 돌을 바위돌이라고 부르는 말도 종족 간에 달리 부르던 단어들을 합쳐서 외운 것으로 짐작되며 우리 고대어 바위, 돌에서 온 말로 여겨진다. 세상 사람들 중에 바위, 돌 또는 돌멩이라 부르는 사람들이 많다. 영어에서는 돌을 Stone(스톤)으로 부르고 있지만 스톤도 돌자 앞에 '스'자가 붙었을 뿐, 돌에서 변형된 말로 볼 수도 있다. 락, 또한 우리 조상들이 락 바위 또는 너럭바위로 부른 것으로 봐서, 우리 고대어일 수 있다. 거듭되는 설명이지만 영어는 본래 다민족의 언어들이 혼합되어 영어 속에 녹아 있으므로 이 지구상엔 돌을 스톤 또는 락이라 부르는 사람들이 더 많은 것뿐이다.

19. 고리족의 어원

▌ Ring(링): 고리, 반지과의 동그라미

　우리 민속놀이 중엔 고 싸움이라는 것이 있다. 그 내용은 짚으로 아주 큰 고리를 만들어 마치 용머리 형상과 긴 꼬리를 늘어뜨려 많은 사람들이 용머리로부터 꼬리부분까지 길게 늘어서서 그것을 메고 상대방에게 돌진하여 서로 밀치는 싸움으로 용머리에 해낭하는 동그라미 위에 올라타고 있는 지휘자를 떨어뜨리는 놀이다. 이를 요약하면 핵심은 둥근 圓(원)에 해당하는 머리 부분에 동그라미인 '고' 싸움이다.

　우리가 한복을 입을 때 옷고름을 매는 것 또한 동그라미에 해당하는 '고'를 매는 것이다. 무엇보다도 중국의 요하문명권 발굴에서 출토된 용의 형상을 한 동그라미가 있다. 중국 사람들은 그 고리형상을 하고 있는 용을 '중화제1룡'이라고 명명했다고 한다. 동그라미는 본래 우리 조상 고리족의 심벌마크다. 우리 조상들은 동그라미를 좋아했다. 천제를 지낼 때 썼던 갓도 둥글고, 제사장들이 흔들어대던 방울도 둥글고, 아무리 오래된 그릇들도 둥글며 밥해 먹을 때 쓰는 솥 또한 둥글며 항아리도 둥글다.

정리하면 동그라미를 '링'이라고도 불렀으며 우리 민족 중에
또 다른 민족은 동그라미를 '고'라고 부르는 사람들이 있어, 두
민족의 언어를 통합하여 고리(고링)로 불렀다. 하지만 세월이
지나면서 고링은 '고리'로 변형되어 이들 두 종족을 가리켜 고
리족이라고 불렀다. 따라서 고구려, 고려 등은 혼합 민족이 세
운 나라로서 동시에 고리족과 맥족이 주축이 된 연합민족 정부
형태로 생각된다. 우리 생활도구들 중에 고리족 제품에 유래함
을 나타내고 있는 물건들이 아주 많다.

예를 들어 바고리, 동고리, 소고리, 바소고리, 걸고리, 쇠고리,
문고리, 귀고리, 고리짝, 이 모두가 동그란 형태의 물건들이었다.

▐▌ Pot(폿): 솥

우리들 삶에 없어서 안 되는 물건 중에 하나가 밥솥이다. 고
대인들은 항아리를 솥으로 사용했으며 따라서 항아리와 솥은
동일한 명칭이다.

▐▌ Yahweh(야훼): Jehovah(제호바) 히브리어로 여호와를 말한다

Jehovah(제호바)를 여호와라고 발음하며 여호와는 Almighty
(알마티)라고 한다.

▐▌ Almighty(알마티): 즉, God(갇) 하나님, 또는 신이라는 것이다

이는 히브리어, 또는 그리스어 등에서 온 말인데 모두가 구
약성서에 서술되어있는 내용들이다. 그런데 그 구약성서에서
천지창조를 이야기하는 시대 상황 배경으로 볼 때 대략 6천여

년 전쯤에 우주가 만들어졌으며 그 주역은 하나님이라는 것이다. 하지만 지구가 탄생한 것은 약 50억 년에서부터 45억 년까지로 추정한다.

또한 누가 우주를 만든 것이 아니라, 자연적으로 생성된 것이며 우주환경은 계속 변하고 있어 앞으로도 어떻게 달라질지는 현대과학도 밝히지 못하고 있다. 위에서도 언급했던 것처럼 구약성서가 쓰인, 시기는 대략 2천여 년 전으로서 고대 히브리어로 기록되어졌다는 것이다. 지구상에 대홍수나 천재지변을 기록한 것은 약 3천여 년 전에 쓰인, 길가메시경의 서사시가 최초이므로 성경을 기록할 당시의 사람들은 1천여 년 전에 기록되어 무덤 속에 묻힌 길가메시경의 서사시를 중심으로 역사교육을 받으며 살아왔을 것이다. 또한 원전은 히브리어로, 내용은 순전히 구전하는 설화를 근거로 했다는 사실을 상기할 때 과연 그들이 얼마나 정확한 역사이야기를 구전 받았겠느냐는 의문이다. 따라서 성경의 천지창조설은 갈대 우르의 구전역사가 상당부분 표절되었으리라고 여겨진다.

그렇게 볼 때 갈대우르 조상이 배달민족이었다면 우리의 환웅 역사는 9천 년이나 되었으니, 구약성서 자체가 우리의 조상들 구전설화를 옮겨간 게 되므로 성경이 가르치고 있는 내용들 상당부분은 거짓이 된다. 기독교를 비판하고자 하는 의미에서 이글을 쓰는 것은 아니다. 근대사를 살펴보면 기독교로부터 사회가 더 안정 되었고 많은 사람들이 위안을 받았으며 민주주의에 가일층 다가선 크나큰 공적도 있다.

그러한 긍정적 기여도가 있음에도 불구하고 세계 인류의 신앙을 획일화시키려는 유일신 사상이라든가, 다른 민족의 전통적 신앙의 뿌리를 송두리째 부정 말살하려는 등, 기독교만을 지키고 전파하기 위해서라면 십자군 전쟁도 불사한 역사적 사실로부터는 경계해야 한다고도 생각한다. 같은 맥락에서 기독교 이야기는 비과학적인 부분까지도 무조건 믿으면서 우리 단군조상 신화를 믿어서는 절대 안 되는 사탄이라고 단군 동상을 때려 부수는 그들의 신앙인식은 마땅히 재고되고 규탄 받아야 한다. 이 책에서 제시되는 자료와 우리 조상 단군신화가 무엇이 얼마나 더 비과학적인지 검토해본다면 단군신앙이 더 먼저였음을 이해 할 것이다. 필자는 어떤 신앙도 가지고 있지 않아 선입견에 의한 견해가 아니라는 것을 강조해 둔다.

단지, 보통시민의 생각으로 판단하건대 단군신화 역시, 그 시대를 살았던 사람들의 신앙을 북돋우기 위해 꾸며낸 이야깃거리에 불과한 것으로 인식하고 있으나, 우리 조상의 뿌리임엔 분명하다고 여긴다. 따라서 성경이 제시하는 대부분의 이야기 또한 꾸며낸 신화로는 인정하지만, 사실이라고 보기엔 너무도 비과학적인 엉터리 논리도 보인다.

ꓘl 1 (아이): 나는, 我(아)는
영어로 I(아이)는 나는 이란 의미를 갖는다. 우리 고대어로 임금은 스스로를 가리켜 余(여)라고 표현하는 반면 아랫사람은 我(아)로 말하여 곧, 나는 이란 뜻으로 통했다. 현대사회에 와서도 군사용어로서 我軍(아군)이란 말을 쓰는데 我(나 아)자는 곧, 나라는 표현인 동시에 Our(아워)란 의미도 되고 내편이라고도 할 수 있다. 이는 우리 고대어 我(아)에서 온 말이다. 따라서 우리 말의 나를 한문에서도 我(아)로 번역했으며 영어도 우리말 뜻으로 '나는'으로 번역했으므로 이 또한 영어가 우리말을 가져다 쓰고 있는 것이다.

‖ You(유): 여보, 당신

우리는 상대방을 가리켜 여보란 말을 쓴다. 다른 말로 바꾸면 You(유) 봅시다. 즉, '당신 봅시다'란 뜻이다. You(유)는 영어든 한국말이든 간에 남여의 성별 가리지 않고 오직 Partner(파트너)를 의미하는 말이다. 제2인칭으로만 사용이 가능한 것도 영어와 한국말이 같다. 따라서 이 또한 우리말 '여보'를 영어가 변형하여 쓰고 있는 말이다.

‖ They(데이): 들, 그들

이 말은 제3인칭으로서 '들'이라는 복수의 무리를 말한다. 그러나 영어에서는 그들이라는 특정, 대상을 지칭하는 대명사를 포함하고 있지만 한국말은 단순한 복수로 해석할 수밖에 없다. 우리말 대명사를 생략하면서 영어는 대명사를 포함하여 '그들'이라고 변형시켜 번역한 영어로 이 또한 우리말에 뿌리를 두고 있다고 본다.

‖ Turn(턴): 돈다, 돌았다

우리말 '돈다'가 영어로 변형하여 '턴'으로 쓰고 있는 것으로 본다. 돈다와 턴은 사실상 큰 차이가 없는 단어로서 오랜 세월에 걸쳐 변형된 영어다.

◖ Tool(툴): 틀 연장, 기계 (주로 손으로 작동하는 것)

우리나라 고대 사람들이 애용하던 '틀'이 많다. 예를 든다면 재봉틀, 가마니틀(가마니 짜는 기구), 베틀(여인들이 베를 짤 때 사용하는 기구), 수틀(여인들이 수를 놓을 때 사용하는 기구), 솜틀(이불이나 핫바지 등에 들어있는 솜을 1년에 한번 쯤 펴주는 기구), 기름틀(깨나 기타 열매 등의 기름을 짤 때 사용하는 기구). 이 밖에도 문틀, 창틀, 연자방아 틀, 대패 틀 등등 웬만한 기구 형태가 들어가는 것들은 거의가 '틀'자가 붙는다. 고대인들에게 있어 '틀'이란 곧, 오늘날의 기계와 같은 기능을 하는 기구들을 의미한다.

그렇다면 영어에서 툴(Tool)은 어떤 의미를 갖을까? 대표적인 게 공구, 도구, 각종 공작기계, 그밖에 사람 손을 이용하는 기구 등등이다. 결과적으로 우리의 '틀'과 영어의 '툴'은 같은 뜻을 가지는 多議語(다의어) 개념이다. 따라서 이 단어도 우리의 틀을 가져다가 변형한 영어다.

한 가지 중복되는 것은 영어에서 기계하면 떠오르는 게 Machine(마신)이다. Machine(마신)은 비행기, 자동차, 선박 등에 사용되는 기관추진용 기계를 포함하는 반면 Tool(툴)의 범주에 속하는 기계류는 손으로 동작하는 수동을 의미한다. 이를 바꿔 이야기하면 내연기관이나, 전기모터를 이용하는 것은 '마신'이고, 그러하지 않고 수동에 의존하여 작동시키는 기계류를 '툴'

에 속한다고 보면 맞을 것이다.

그것은 한국에서도 비슷하여 수동에 의존하는 기능적 기구들은 틀의 범주에 들어가는 내연기관이나, 전기를 이용하는 기구 등을 기계류로 보면 될 것이다. 그러므로 기능이나, 동력으로 구분되는 '틀'과 기계류의 분류에서조차 영어와 일치한다. 영어권에 '툴과 마신'이 다른 것은 고대 한국어를 토대로 기능적 기구를 '툴'로 분류해오다가 한국인의 언어적 영향을 받지 않는 현대사회에 들어와 내연기관이 발명되었으므로 그들 독자적인 용어를 사용했기 때문에 '마신'으로 바뀌었을 것이다. 같은 이치로 한국에서는 한문의 영향을 받고 있던 시기에 발명된 내연기관 기구들을 한문으로 機械(기계)로 부르게 된 것이다.

▌ Toxin(톡신): 독, 독소

우리들은 毒(독)을 두려워한다. 식중독을 비롯한 흔히 쓰는 독이란 단어는 공포의 대상이다. 영어에서 또 다른 毒(독)은 Poison(포이즌)이라고 하는데 이는 대개가 뱀독을 비롯하여 화학적 특성상 맹독을 의미한다. 이에 비해 Toxin(톡신)은 비교적 약한 독을 의미하지만 결론적으로 톡신은 우리가 가볍게 말하는 병적인 독을 톡신으로 변형시킨 영어로 본다.

▌ Feather(페더): 깃털, 새의 날개

이 단어는 새의 깃털을 의미한다. 이는 일종에 擬聲語(의성어)로 여겨지기는 하나 '퍼덕 퍼덕'에서 온 영어로 본다.

Shallow(샬로우): 살살거리다, 얕은 수작 따위

생각이 깊지 않고 얕은꾀를 부리는 사람들을 살살 거린다고 한다. 이는 '샬로우' 거린다는 뜻을 강조하기 위해 샬로우를 줄여 두 번 쓴 게 살살이며 얕은 수작을 부리는 사람들을 일컫는 말이다. 한문이 들어오면서 살살거리는 거짓말쟁이들을 詐欺(사기)꾼으로 번역한 것으로 본다.

Run(런): 달린다, 뛰다

우리말의 달린다는 어떤 표현 언어들이 있을까? 달리다, 달려, 달라 빼다, 가련, 오련, 와라, 가라, 빨리빨리, 설렁설렁, 영어의 '런'과 관련해서 대략 이런 정도의 말이 있다.

공통점을 찾아보면 달 자와 부사(리, 련, 라, 랑, 렁)를 끼어야 달리다를 표현할 수가 있다. 이를 자세히 살펴보면 달 자와 ㄹ 발음의 글자가 결합해야, 말이 된다는 것이다. 그렇다면 달은 어떤 의미를 가질까? 오늘날 땅이라 부르는 지구는 처음에 달이라고 불렀다는 것이다. 그 다음에 탄이라고 칭하다가 근세에 와서 땅으로 바뀌었다는 것이다. 우리 고대인들은 하늘에 떠있는 달덩이도 땅덩이로 봤으며 그 증거가 달에 나타나는 그림을 계수나무라고 했다. 토끼가 방아를 찧는다고도 했다. 따라서 땅이 아니고는 계수나무가 자랄 수 없으며 토끼가 살수도 없다. 땅을 탄이라고 부른 증거로는 같은 조상으로부터 갈라진 것으로 보는 중앙아시아 사람들이 있다. 오늘날 그들이 사는 나라를 우즈베키스탄, 키리키스탄, 카자흐스탄 등으로 그들은 자신들의 나라 땅을 탄으로 부르고 있는 것이다.

관련하여 땅을 달로 말하던 시대라면 땅에서 걷다가 달에서 걷는다가 되며 달(Run(런))은 땅에서 달리다가 된다. 그런 맥락에서 Run(런)이 변형되어 ㄹ자가 들어가는 발음으로 바뀌었을 개연성은 충분히 있는 것이다. 같은 발음으로 출발했을 발음이 어떻게 변할 수 있는지를 엿볼 수 있다. 그 한 예로 發音(발음)이란 단어를 중국 사람들은 뭐라고 할까? 즉, Fa//yin(빠인)이라고 발음한다. 또 하나, 七顚八起(칠전팔기)라는 단어를 중국 사람들은 뭐라고 발음하느냐하면 '취젠빠찌'라고 한다. 중국에 지진도 잘나고 뉴스에 자주 오르내리는 四川城(사천성)을 중국말로 '쑤촨처웅'이라고 발음한다.

처음 한문을 사용하기 시작했을 때는 중국이나, 우리나라가 같은 발음을 했을 것이다. 하지만 세월이 지나면서 두 나라의 발음 격차가 그 만큼 달라졌다는 사실을 이해한다면 우리가 사용하는 단어와 영어로 바뀐 단어의 발음차이가 어떠하리라는 것은 상상을 훨씬 초월했으리라는 것을 이해할 것이다.

본론으로 돌아와 On run(온 런)은 On(온)접하다. Run(런)은 달리다로 '오런'이라고 불렀다면 주어에게 달려와 접하라는 뜻으로 볼 수 있다. Go Run(런)은 Go(고) 가다. Run(런)달리다. 로서 '가런'이라고 말했다면 달려가라는 뜻이 된다. 또한 빨리빨리는 Past Run past Run(파스트 런 파스트 런)이 되며 이는 빨리빨리 뛰라는 말이 되고 설렁설렁은 Slow Run Slow Run(슬로우 런 슬로우 런)으로서 슬슬 뛰라는 말이 되는 것이다.

ılı Are Pain(아 페인): 아파, 아프냐?

이 말을 현대적 영어 문법으로 말하면, "Are you pain(아유 페인)?"으로 "너, 아프냐?"가 된다. 우리들이 아무렇지도 않게 사용하는 아프다는 단어도 사실은 영어가 우리말을 차용하여 사용하고 있는 것으로 생각된다.

ılı Hurt(허트): 헐다, 상처 내다, 해치다, 흠집 내다

우리들 일상용어에 훼손한다는 말을 주자 쓴다. 가령 물건을 훼손한다든가, 시체를 유기 훼손한다든가, 무엇인가 상처 난 것들에 대하여 훼손이란 용어를 자주 쓴다. 그렇다면 훼손이란 정확히 무슨 뜻일까? 毁(헐 훼) 損(덜 손) 즉, 헐어서 덜어낸다는 의미다. 예를 들어 상처가 나서 살이 썩어가는 것을 두고도 헌다는 말을 쓰며 상처를 내어 살점이 떨어져 나가는 것도 훼손이다. 이 Hurt(허트)란 단어는 우리말 '헐다'에서 변형된 영어다. 거듭 강조하지만 우리 고대 언어들을 찾아내면 거의가 영어로 변해 있다.

ılı Touch(터치): 다치다, 해치다, 손상하다, 만지다

우리들은 누가 다쳤다는 말을 잘 쓴다. 또는 누구를 협박할 때도 "너, 내말 안 들으면 다쳐!"라고도 한다. 우리는 다친다는 말을 아주 흔히 쓰지만, 그게 영어인 줄 아는 사람은 없다. 이 또한 우리말 "다치다"에서 변형된 영어다.

ılı Shoes(슈즈): 신, 신발, 구두

슈즈라는 말은 '시화자'에서 온 말이다. 시화자란 몽골리안들의 고대어로서 목이 긴 장화 타입의 신발이며 오늘날 부츠라고 생각하면 된다. 우리나라 전통 혼례용으로 신랑이 착용하는 신발을 시화자라고 부른다. 최초로 신을 신었던 사람들은 몽골족의 장군들이 시화를 신고, 군사를 지휘했다는 것이다. 이 또한 영어가 우리 고대어 '시화자'를 슈즈로 변형하여 차용해 쓰고 있는 단어다.

▮▎ Meet Trip(밑 트립): 미투리(짚신 종류의 신발)

우리 조상들은 '미투리'라는 신을 신고 다녔다. 짚신은 짚으로 만든 신발이며 '미투리'는 질긴 재료(삼, 마, 칡, 노끈, 머리칼)로 만드는 고급 신발이다. 이 신발은 주로 여행을 가거나, 중요한 누군가를 만나러 갈 때 신었던 귀한 신발이다. 朝鮮時代(조선시대)까지만 해도 과거보러 가는 선비들의 행장에 한 켤레쯤 챙겨가는 물건이었다. 부잣집 자제들은 말을 타고 가지만 가난한 선비들은 한양까지 걸어서 가야하기 때문에 짚신 몇 켤레와 미투리 하나쯤은 챙겨가야 한양에 가서 귀한 사람을 만날 때는 미투리를 신었다.

영어에서 '미투리'는 Hemp cord Sandals(헴프 코드 샌달)로서 이를 해석하면 고대 그리스, 로마인들이 대마, 노끈으로 만들어 신었던 신발과 비슷한 뜻이다. 영어의 Meet(밑)은 만나다. 이고 Trip(트립)은 출장 등 간단한 여행을 뜻한다. 따라서 미투리(밑 트립)는 누구를 만나러 갈 때 신는 신발이라는 의미이며 우리 고대인들에겐 아주 고급스런 '신발'에 해당한다.

ᵈ|ᵈ Foot(풋): 발

'풋'은 우리말 '발'에서 변형된 영어로 본다. 우리들이 아무렇지도 않게 신발이라 부르는데 신발이란 Shoes(슈즈)와 Foot(풋)이 결합된 단어이다.

ᵈ|ᵈ Crus(크루즈): 그릇(항아리, 주전자, 병)

영어에서 크루즈를 항아리, 주전자, 물병 등으로 해석하고 있다. 하지만 우리는 그릇이라고 해야 맞다. 왜냐하면 우리 고대에는 항아리 종류 이외에 용도별로 세분된 자그마한 그릇은 없었다. 오늘날 영어권에서 그릇을 Vessel(비쎌)또는 Container(콘테이너)로 번역하고 있으나, 그릇은 우리만의 고대어. 우리가 무엇을 담을 수 있는 물건을 그릇이라 부르던 시대엔 콘테이너 또는 비쎌 따위 단어들이 존재하지도 않았을 것이다. 아마도 그런 용어들은 영어가 통용되면서 다른 민족들 언어가 영어로 변했을 것으로 본다.

그 이유로써 우리 고대 무덤에서 출토되는 부장품을 봐도, 역사를 거슬러 올라갈수록 단순한 항아리 형 용기들만 출토되고 있다. 고대인들은 항아리로 밥을 지어먹는 Pot(폿)으로도 사용했을 뿐만 아니라, 곡식을 저장하는 그릇으로도 썼고 심지어는 무덤의 관(옹관)으로도 이용하는 등 만능 형 用具(용구)로 쓰이는 그릇이었다. 따라서 영어권에서 크루즈를 항아리, 주전자 등으로 국한하고 있다. 영어권은 우리가 말하는 그릇의 개념을 비쎌, 콘테이너 등으로 구분하고 있지만 이는 서양인들의 기준일 뿐, 우리의 그릇에 뜻은 아니다. 우리 고대어 그릇에 의미는 항아리 밖에 없었던 시대부터 사용되어 그릇에서 온 명사로 짐작되며 그릇이란 우리말을 영어권이 크루즈로 변형시킨 것으로 본다.

또한 사기그릇이라는 말도 쓰고 있는데 沙器(사기)란 즉, 모래 그릇을 의미한다. 이는 바꿔 말하면 사기는 모래로 만든 그릇이다. 沙器(사기)는 硅沙(규사)계통의 Silica(씨리카)를 구어서 만드는 Ceramic(쎄라믹)요업 공정을 거치는 그릇을 의미하며 이 또한 Crus(크루즈)로서 그냥 그릇이다. 다른 말로 바꾸면 좀 더 세련되고 아름다운 사발, 보시기, 대접 등을 통틀어 그릇이라고 한다.

가끔 주발이라고 부르기도 하는데 이는 잘못 알고 있는 상식으로서 주발은 사발과 다르다. 周鉢(주발)은 周(나라 주)와 鉢(바릿대 발) 자로서 '발'은 영어의 Bowl(보울)에서 온 말이다. 이를 정리하면 周鉢(주발)은 周(주)나라에서 온 놋쇠 바릿대란 뜻이다. 영문으로는 즉, Brass Bowl(브래쓰 보울)이며 이를 해석하면 놋그릇이란 뜻이다. 鉢(바릿대 발)은 밥그릇을 일컫는 말로서 바릿대란 불교에서 사용하는 말이기는 한데, 이 또한 우리 고대어와 연결되었을 것으로 생각된다. 바리(밥그릇)란 말을 한문이 鉢(발)로 번역한 것으로 여겨진다. 따라서 사발은 사기밥그릇이고, 주발은 놋쇠밥그릇이며 바릿대는 나무밥그릇이다. 따라서 바릿대에서 '바리'는 밥그릇, '대'는 나무를 뜻하는 말이고 바릿대는 오늘날도 절집의 스님들 밥그릇으로 사용되고 있다.

ⅰ Bowl(보울): 사발, 보시기

주방에서 사용되는 그릇의 용어 중 '보시기'라는 말이 있다. 주부를 비롯한 요리사들이 보시기라는 말을 사용하고 있지만, 그들 대부분은 보시기가 영어인지를 아는 사람은 그리 많지 않을 것이다.

그렇다면 보시기가 정확히 무슨 뜻일까? 보시기는 Bowl(보울)과 食器(식기)로 두 단어를 합쳐서 '보시기'라고 사용하는 영어와 漢字(한자)의 통합 언어다. 우리말이 국제적 복합 언어라는 사실을 우리 스스로도 알지 못한 채 사용하고 있으면서도 보시기가 어떤 형태의 그릇인줄은 우리나라 사람이라면 누구나 다 알고 있다.

일기예보관들이 비가 오는 강수량을 말할 때 몇 미리 리터라는 단위로 내린 비에 양을 설명한다. 하지만 불과 60여년 전만해도 라디오, TV가 없던 시대엔 몇 '보지락'이란 단어를 썼다. 좀 나이 드신 분들 거의가 보지락의 개념을 알고 있다. 보지락이란 단위 측정은 비가 내리는 곳에 '사발' 하나를 두고 빗물을 받아 가득차면 한 보지락이다. 예를 들어 한 보시기를 받고 두개, 세 개를 거듭하여 빗물이 고이는 대로 둘, 셋, 보지락이라는 강수량을 측정하는 방식이다.

여기서 인용하는 보지락 또한 볼(Bowl)자박으로서 이 표현이 변형되어 보지락이란 말로 사용하는 것이며 이 또한 우리말 사발에 '발'이 영어의 Bowl(볼)로 변한 사례다.

20. 우리 문화 보존

▮▮ Meet Narrow(밑나루): 나루터에서 만남

이 단어를 굳이 해석하자면 물길인 강물이 좁아지는 나루터에서 만남, Meet on the Narrow of Liver(밑 온 더 나로 리버)이다. 그러나 여기서 인용하고자하는 것은 '밑내'란, 어떤 곳의 지명에 얽힌 유래에서 비롯된 역사를 이야기하고자 한다.

대한민국 충청남도 예산군 삽교천이라는 곳이 있는데 그곳을 조선시대까지 '밋내'라고 불렀다. 그런 지명으로 불리게 되었던 역사적 사건은 훗날 대한민국의 뿌리이기도한 중요한 의미를 가지고 있다. 이를 설명하기 위해 2013년 11월에 어느 지방문화원이 발행한 책자에 기고했던 「문화란 무엇인가?」라는 제하의 타이틀로 썼던 글 중에 삽교천과 관련된 내용으로서 그곳의 옛 이름이 영어 '밑내'로 불리게 된 사연을 소개하고자 한다.

(아래 자료 인용)

「문화란 무엇인가?」

나는 이 글을 쓰면서 좀 고민했다.

문화란 참으로 다양하여 많은 논란이 있을 수 있다. 하지만 크게 보면 한 세 가지 정도로 가닥을 분리한다면 사회문화(social culture) 물질문화(material culture)정신문화(spiritual culture)를 들수 있을 것이다. 이런 문화들이 인류사회를 지배한다고 할 때 어느 것 하나 등위를 가려 말 할 수 없을 정도로 모두가 중요하다. 그렇다면 오늘날 우리가 지향하는 최고 가치는 무엇일까? 문화란 측면에서 본다면 세속적이지만 현실적으로는 물질문화가 인류사회를 휘몰아 간다고 볼 수 있다. 식자의 관점에 따라서 통속적이라고 비하하기엔 너무도 많은 사람들이 어쩌면 절박하고 당면한 문제라서 이 시대가 물질에 종속되어가고 있는 게 엄연한 사실이다.

그래서 문화 창달 계승 보존은 물질문화와의 접목이 필요하다고 생각한다. 그래야만 대중의 관심과 사랑을 이끌어 낼 수가 있을 것이다. 저속한 논리일지 모르지만, 이 지구상에 모든 동물은 먹이를 제일의 가치로 둔다는 사실이다. 예컨대 다람쥐는 겨울을 살아남기 위해 도토리 등 먹을 수 있는 나무열매들을 주어다가 굴속에 저장해 둔다. 그래야 먹을 것이 없는 추운 겨울동안 살아남아 넉넉한 마음으로 사랑도 하고 종족을 번식 시킬 수 있기 때문이다. 마음 내키면 무엇이든 잡아먹을 수 있는 백수의 왕 호랑이도 남는 먹이를 높은 곳에 숨겨두었다가 배고플 때 아껴 먹는 습성이 있다고 한다. 여우는 배부르면 먹이를 땅 속에 묻어두었다가 곤궁할 때를 대비한다. 동물들의 이와 같은 먹이 챙기기의 다양한 방법들 또한 그들 나름으로 최고의 가치를 두는 물질문화라 할 수 있을 것이다. 그런 측면에서 우리 인간이 아무리 영장의 고등 동물이라 해도 물질문화와 접목이 없다면 역사유산의 가치와 보존 필요성을 힘써 강조해도 이해관계 순위 밖으로 밀려 날 수밖에 없다는 게 현실적인 안타까움이 있다.

현실성 있는 문화유산의 보존방법

관련하여 오늘날 문화유산 발굴과 보존 운동방법은 반드시 물질문화와 연계 할 필요가 있다고 생각된다. 정신문화의 개발로부터 물질문화로 전이 시켜야 비로소 추구하는 보편적 가치이상의 이해관계를 엮어가게 된다고 본다. 뛰어난 논리로 문화유산을 보존해야 된다고 역설 할지라도 대중들이 호응하여 공감하지 못한다면 효과를 기대 할 수 없다. 가끔 언론보도에 따르면 누군가가 건축 또는 어떤 목적으로 땅을 파다가 가치 있는 유물이 나왔을 때 그 것을 관계기관에 신고하여 보존하려는 생각보다는 아무도 본 사람이 없다면 얼른 감추고 그 뿌리가 되는 터전마저 파괴해 버려 혼자만의 이익을 챙기려하거나 또는 관계기관에 신고하기를 기피하는 현상이 있다는 사례들이 언론에 의해 종종 기사화 되는 것을 보게 된다.

= 중 략=

문화유산 해석에 관하여

우리 문화유산들을 발굴 보존하는 것 못지않게 문화유산들의 본질을 잘 해석하여 의미를 부여하는 것 또한 아주 중요하다. 전국 각지에 산재하는 유적들 본래의 역사성이 현대사회 상식과 괴리된다면 이 시대 사고에 맞도록 재해석하는 것도 필요하다. 왜냐하면 사람들이 공감하지 못할 정도로 비과학적이거나 허구에 가깝다고 여겨진다면 가치를 반감 할 수 있기 때문이다. 그러므로 많은 사람들이 공감할 수 있는 현대과학적인 상식을 바탕으로 해설적 의미를 부여하여 물질문화와 접목할 대중적 관심을 이끌어 내는 것은 아주 필요하다.

잘못된 역사해석은 오히려 역효과를 가져온다. 그 사례로써 우리나라 역사적 뿌리에 해당하는 우리 조상, 단군신화 해석을 대표적인 실패작으로 꼽고 싶다. 단군은 하늘로부터 온 후손을 자칭하는 고등문화권 세력이 하급문화권인 곰과 호랑이를 토템으로 하는 종족들을 거느리며 통치해오다가 자칭 하늘에서 왔다는 桓因(환인) 세력의 쇠퇴기에 나타난 종족 갈등사건으로 짐작된다. 문화는 세월이 지나면서 높은 곳으로부터 낮은 곳으로 흐르게 마련이므로 그런 맥락에서 먼~훗날 환인세력의 고등문화가 하등문화로 전이되었을 것이다. 그들 세력이 대등해졌을 때 종족 간의 헤게모니 쟁탈로 인한 알력도 있었을 것이다. 결국 환인(아리안 족으로 추정)을 자처하던 지배계층으로부터 통치 당하던 하급 민족 중 호랑이를 믿는 종족은 쇠락했지만 번성하던 곰 신앙 세력과는 제휴의 수단으로 권력을 나누어 가지며 사돈을 맺고 통치력을 보강하면서 그 당위성을 합리화하기 위해 마늘과 쑥을 먹던 하층 계급의 문화가 향상되어 천손과 대등한 위치가 되었다는 내용을 과장되게 꾸민 것으로 판단된다.

역사를 연구한 학자들 중 의문을 제기하는 의견에 따르면 환웅시대엔 아직 우리나라에 마늘이 들어오기도 전이었다고도 한다. 또한 이런 신화는 몽골, 터키, 등 시베리아 연접 국가의 여러 부족들 조상신화 와 같다는 사실에서 우리만의 유일한 단군신화로 보기는 어렵다는 것이다. 특히 檀君(단군)은 神市(신시)개국 후 1,500여 년이 지나 18세의 거불단군 환웅천황에 이르러 종말을 고하고 왕검이 38세가 되던 BC 2333년에 天帝(천제)의 아들로 단군에 추대되어 환인치세의 종말에 따른 혼란한 시국을 수습하고 부족들을 융합시켜 2096년간이나 배달국을 다스렸다는 것이다.

관련하여 단군왕검의 신앙 뿌리는 천신원리에 의한 홍익인간 목적의 정치로 나라를 삼한으로 즉, 진한, 변한, 마한, 으로 나누어 다스렸다. 三韓管境制(삼한관경제)즉, 자치권을 가지는 세 개의 집단이 경쟁적으로 다스리게 하고 단군은 세 집단을 통합 관리하는 형태로 왕검은 대 단군으로써 요동, 만주지역에 걸쳐있던 진한을 중심으로 직접 다스렸으며 요서, 지역에 있던 변한, 과한반도에 있던 마한, 은 각각 부 단군으로 하여금 통치했다는 것이다.

역사는 흘러 결국 배달국도 망하고 부여, 로 이어지던 혼란기에 요동과 요서지역에 있던 진한과 변한은 본 왕조의 패망으로 북방 세력들로부터 쫓기는 신세가 되어 동족이 지배하고 있던 안

전지대인 한반도 마한지역으로 배를 타고 망명했다는 것이다. 피난민들 주력은 요동에서 가까운 아산만으로 들어왔다. 하지만 경기, 충청, 호남지역은 곡창지대로써 이미 굳건한 터를 잡고 있던 마한 국의 영토였으므로 이들을 받아들인다면 농토를 나누어 줘야 하는 문제가 있었다. 그리되면 통치력이 혼란해질 뿐 아니라, 민심이 흉흉해질 것을 염려하여 비교적 척박한 산간지역인 경상도로 쫓아 보내게 되는 것이다.

무엇보다도 마한으로써 그들을 받아들이기 거북했을 까닭은 당시에 들어온 사람들이 순수한 동족인 배달민족이 아니라, 지나족, 말갈족, 여진족, 등 혼합 민족이었으므로 더욱 배척했을 것이다. 그들이 최초로 도착한 곳이 지금은 내륙인 충남 예산군에 있는 삽다리(삽교) 주변이었다. 그곳은 냇물과 바다가 접하는 지점이었으므로 육지와 접해 배를 댔고 임시 수용 되었다가, 마한국의 고심에 찬 결정에 따라, 경상도로 가도록 명령 받았던 것이다. 그들이 목숨을 걸고 찾아온 이 땅에서조차도 강제로 쫓겨 가면서 헤어지는 서운함에 서로 부둥켜안고 울부짖으며 시대가 달라지면 이곳에서 꼭, 다시 만나자는 약속을 하고 각각 본래의 통치 집단별로 나뉘어 진한세력은 경상남도로 갔고 변한세력은 경상북도로 가게 된 것이다. 그렇게 척박하고 낯선 땅으로 쫓겨 온 피난민들은 그 원한으로 마한을 미워했을 수도 있었을 것이다. 어쩌면 경상도와 전라도의 골 깊은 갈등은 그 때부터 시작된 첫 단초는 아니었을까도 생각된다.

이들 삼한 (진한, 변한, 마한,)은 우리대한민국에 뿌리인 배달민족으로써의 정통성을 갖는다. 1897년10월12일 고종황제가 대한제국을 선포하면서 분명히 삼한을 계승한다고 밝혔다. 그러나 애석하게도 곧 이어 일제에 의해 대한제국이 멸망하자, 친일파들은 일본이 우리의 역사를 1750년(조선500년+고려500년+고구려 750년, 신라 백제는 연대가 겹침)만을 인정하려는데 따라 일본에게 아부하기 위해서인 듯 고종황제가 대한제국을 선포하면서 삼한을 계승한다는 의미가 백제, 신라, 고려, 를 계승한다는 내용이라며 가까운 역사 기록만을 국한시켰다. 이 선언적 논리는 2013년 현재까지도 대한민국 제도권 교육이 그렇게 가르치고 있다.

그렇다면 고종황제가 무엇하러 삼한이라고 했겠는가? "신,백,고."라던가, "라,제,려,"를 계승한다고 했어야 옳을 것이다. 더욱이 자신의 조상인 이성계가 세운 朝鮮(조선)의 임금으로써 굳이 조선만을 제외하고 신라, 백제, 고려, 를 계승해야 할 까닭이 있겠느냐는 물음에 뭐라고 대답할 것인가? 고종황제는 1895년10월8일 명성황후 시해사건을 겪으면서 크나큰 충격을 받았을 것이다. 그래서 어떻게 하던 대한제국은 세계만방으로부터 유구한 역사와 정통성을 가진 민족이 세운나라로 인정받아, 국권을 보존하려는 고뇌에 찬 역사 고찰을 통해 배달민족의 뿌리를 잇고 싶었을 것이다. 그게 바로 진한, 변한, 마한, 이란 사실을 아시고 삼한을 계승한다고 했을 것이다.

그러나 친일분자들 입장에선 진한, 변한, 마한을 계승했다고 하면 배달민족의 후손이 되며 일본이 인정하는 우리 역사는 고작 1,750년이 아니라, 5천년 이상을 거슬러 올라간다는데 강한 거부

감을 느꼈을 것이다. 때문에 일본침략자들 비위를 맞추느라 연결
도 되지 않고 설득력도 없는 억지 논리로 삼한은 신라, 백제, 고
려,를 계승한다는 의미라고 왜곡 축소시킨 슬픈 사연으로 본다.
친일파들의 잘못된 가치관이었다면 이제라도 대한민국의 참된
뿌리는 가장 순수한 배달민족의 혈통을 지니고 있는 마한, (마한
의 최종 유적지가 전남 나주와 영암에 걸쳐있음) 진한, 변한, 등
삼한을 계승한다는 고종황제의 참뜻을 당당하게 재확인해야 할
것이다.

골품 계급을 따지지 않았던 마한지역의 평화로움과는 달리 변
한과 진한은 북방민족들이 혼합된 탓인지? 훗날 신라로 흡수된
뒤에도 성골 진골을 중시한 게 아닌가도 생각된다. 또한 마한을
백제가 흡수했기에 신라는 백제를 그 토록 미워하여 끝내 멸망시
킨 根底(근저)엔 삽교천 "밑내"의 한이 서렸던 것은 아니었을까도
생각된다. 유민들의 離散(이산), 사건이후 삽교천을 만남의 장소
로 "Meet narrow(밑나(로)루)"라 했다는 것이다.

이때부터 우리말로 "밋내"라 불러오다가 훗날은 그 개천가에
버드나무가, 무성하여 버들내로 불렸다. 세월이 더 흐른 뒤엔 구
전 과정에서 지명이 버들 내에서 "버그내"로 변형되어 불렸는데
인근의 合德場(합덕장)을 "버그내"장이라고 했다. 당시의 버그내
장은 근동에서 가장 큰 곳으로 유명하게 되었으며 어떤 장사꾼이
손님을 끌 목적으로 다람쥐를 가져다가 채, 바퀴를 돌리게 했다.
그 신기한 것을 처음 구경한 그 지역사람들은 아무리 뛰어도 제
자리인 다람쥐를 빗대어 능률이 안 나는 작업 등을 "버그내 장마

당에 다람쥐 체 바퀴"돌리듯 한다는 유행어가 탄생되었다는 것이다. 그런 역사들을 뒤로하고 근세에 와서는 나뭇가지들을 의미하는 섶으로 다리를 놓아 유명해지자 즉, 삽다리는 葉橋(섭교)를 삽교라 불리게 되었다.

이곳 삽교천은 조선 후기 까지도 밋내 (밑나루터)로 불렸으며 여기서 출생하여 朝鮮(조선)의 천주교 초대신부가 되었던 김대건 씨가 그의 주소(본적)를 적을 때 "충청도 예산고을 밋내" 라고 썼다는 사실로도 당시의 지명을 간접적으로 증명된다. 할 것이고 이는 로마교황청에 기록이 남아 있다고 한다.

= 중략 =

필자는 여러 해 동안 우리의 고대 언어와 영어 관계를 연구하면서 영어 속에 우리 고대어가 많다는 사실을 찾아냈다. 우리 일상생활에 쓰이는 언어들 중 고대어를 영어에 대입해보면 유사한 부분이 아주 많다. 그렇지만 이 문장에서 내가 쓰고자 하는 것은 다른 목적이기 때문에 생략하기로 하고, 단군제도를 설명하는 약, 5천여 년 전엔 한반도에 마늘이 있지도 않았다는 주장은 위에서도 언급한바 있다. 그런 주장을 대입한다면 북방 신화를 후대에 와서 우리 신화로 둔갑시켰을 개연성이 크다. 더 분명한 것은 단군 신화의 중심도시로 추정하는 요하지역 문명권 무덤발굴에서 약, 5천여 년 전의 것으로 추정되는 곰 여신상이 출토되었다. 이를 근거하여 추정컨대 곰을 totemism(토테미즘)으로 하는 종족들이 당시에 실재했음을 입증해 줬다는 사실이다. 따라서 곰이 마늘을 먹고 사람이 되었다는 것이 아니라, 곰 여신을 믿는 신앙종족들이 살았다는 정황이며 그들 문화가 향상되었음을 신화적으로 꾸민 것이기 때문에 현대사회에 와서 관심 있는 학자들에 의해 우리 역사를 재해석해야 한다는 주장이 제기되고 있는 것은 매우 당연한 것이다.

그런데도 여전히 우리의 주류 학계에서는 단군을 비과학적인 논리인 신화적으로만 해석하여 교과서에까지 수록하여 후세들에게 왜곡된 역사를 가르치고 있는 것은 세계 문명국가들로부터 웃음거리가 될 소지가 있다. 실제로 2012년 현재 세계 여러 나라에 우리문화를 알리기 위하여 세종학당이라는 것을 60여개나 개원했다는 것이다. 그곳에는 한류의 영향을 받은 각국에 유수한 청소년들이 한국문화를 알기위해 찾아온 다는 것이다.

그런데 우리 외교관들은 그들에게 곰과 호랑이 탈을 쓰게 하고 마늘 먹는 모습을 연극으로 재현시키며 한국민족은 곰이 마늘과 쑥을 먹고 사람이 되었다고 가르친다는 것이다. 이런 한국역사를 교육받는 외국의 젊은이들이 킬킬대고 웃는 연극 놀이 장면들을 영상으로 찍어 자랑스레 텔레비전에 방영하는 당국자들을 보면서 한마디로 어이가 없었다. 국민의 세금으로 제작 운영되는 한국문화 알리기 프로그램이라는 게 고작 비과학적이고 미개한 신화를 우리 민족 역사라고 자랑하여 스스로 웃음거리가 되는 현실에 대하여 화가 났다. 그런 사람들을 우리나라가 공부시켰을 뿐 아니라, 외교관으로 채용하여 월급을 주고 있다는 사실이 참담하기까지 하다.

관련하여 신화란 어떤 것인지 실증적으로 잘 나타내주는 게 바로 조선의 건국을 찬양하고 싶었던 龍飛御天歌(용비어천가)이다. 海東六龍(해동육룡)이 날았다는 그 노래 가사 속에 등장하는 육룡은 과연 누구일까? 그 해석은 이안사, 이행리, 이춘, 이자춘, 이성계, 이방원으로부터 6대조를 거슬러 올라가는 것으로 알려져 있다. 하지만 고려의 무신정권 주도자 이의방이 주살되고 전주에 도망 온 것은 이의방에 친동생 이린, 이다. 그의 아들 이양무가 이안사를 낳았는데도 아무런 공도 없는 이안사 까지 만을 용비어천가에 수록한 속내를 유추한다면 아마도 이 노래를 창제할 당시 임금인 세종대왕이 자기 아버지 이방원을 끼워 넣고 싶어 이방원으로부터 6대조를 국한시킨 것은 아니었을까, 개국 초대 왕부터 거슬러 올라간다면 이성계로부터 이양무 까지이어야 마땅하겠다. 그러나 개국에 지대한 공을 세운 이방원을 꼽고 싶기도 했을 법하다.

하지만 여기서 인용하고자 하는 것은 조선을 건국한 이성계 조상들이 실제로 "룡"도 아니요. 하늘을 날지도 않았다는 사실이다. 신화란 바로 그런 엉터리 논리로 자신 또는 조상을 신격화하는 내용으로 꾸며지고 있다. 그런데 어째서 우리 단군신화만은 곰과 호랑이가 마늘과 쑥을 먹고 사람이 되었다며 신화를 사실처럼 우기고 싶은지 모르겠다. 아마도 이유를 끌어다 붙인다면 우리 역사를 형편없는 떠돌이 거렁뱅이 수준으로 비하하고 싶었던 일본 침략자들의 가르침을 잘 받들고 싶었던 친일파들이 득세한 데서 비롯되었음을 웅변적으로 나타내는 까닭은 아니었을까를, 떠 올리게 된다.

결론적으로 문화유산을 잘 보존 관리하는데 있어 관련지역 해당기관장들의 지대한 관심이 전제되어야 한다. 일본침략자들 가르침을 황제의 칙령처럼 따르며 매국학파들에 의해 주도되는 역사왜곡을 하루빨리 중단시키고 정의로운 애국학자들이 과감하게 나서서 역사를 올바로 해석해야 한다. 그리고 문화유적을 보존함에 있어서도 물질문화 와 접목은 아주 필요하며 이에 못지않게 시대흐름에 부합하는 과학적인 의미 해석도 중요하다는 말로서 끝맺는다. (2013년 11월 12일)

Bustle(버슬): 버슬버슬, 북적대다
버글버글, 북적대다의 우리말이 영어로 변형된 것으로 본다.

Fun(편): 편하다, 즐겁다
편안하고 즐겁다. 영어에 편하다는 Comfortable(컴포테블)이란 단어를 쓴다. 따라서 Fun(편)은 즐겁다라는 뜻으로 많이 쓰고 있지만 즐겁기 위해서는 먼저 편해야 하기 때문이다. 이와 관련 우리말 편하다가 영어로 변형된 것으로 본다.

Chase(체스): 쫓다, 追跡(추적)하다, 몰이하다, 사냥감을 쫓다
우리는 쫓는다든가, 쫓긴다는 말을 사용한다. 영어권에서는 쫓기다를 Pursue(퍼슈)로 표현하기도 한다. 아마도 영어권 사람들이 즐기는 '체스' 놀이도 결국 쫓기고 추격하는 놀이가 아닌가 한다. 순수 우리 고대인의 말인 '쫓다'가 漢字(한자)가 들어오면서 追跡(추적)으로 바뀌었지만 그 어원은 追(쫓을 추)와 (跡(자취 적) 자로서 뒤를 쫓는다는 의미다. 따라서 우리나라 고대 사람들이 딱히 쫓는다고 발음했는지, 아니면 '체스' 비슷한 발음을 했는지는 확실치 않으나, 체스 또한 우리말에서 변형된 영어로 여겨진다.

▋ Hunt(헌트): 훑음, 사냥감을 훑어 찾다

헌트는 우리 고대어에서 훑다, 찾다 즉, 사냥감을 찾아 풀숲 사이를 샅샅이 훑고 다닌다는 뜻이다. 영어 뜻으로는 대부분은 사냥으로 이해하고 그렇게 번역하지만 훑어 찾는다는 뜻을 가진다. 이 용어는 육지에만 국한하는 것은 아니고 바닷가 사람들이 그물로 고기를 잡을 때 후린다든가 또는 후리질해서 잡았다는 말을 쓰기도 한다.

사냥은 몽골리안들 중에서도 중앙아시아 쪽 사람들이 풀숲을 훑고 다니면서 노루, 토끼, 여우 따위에 잔짐승들 사냥을 잘하는데 특히 Hun(훈)족이 날래고 사나워 사냥을 잘했다. 이들은 매우 용감하고 사나워 유럽까지 진출하여 한 때 역사의 중심에 서기도 했다. 그런 연유에서인지 사냥은 Hun(훈)족들이 최고라는 의미로 Hunt(헌트)가 된 것은 아닌지도 모르겠다. 옛날에 일본 사람들은 아이가 울면, 구구리(고구려)가 온다고 달래면 울던 아이도 뚝, 그친다는 것이다. 또한 유럽에서는 아이들이 울면 아틸라(유럽을 정벌한 훈족의 왕)가 온다고 겁을 주면 우는 아이도 뚝, 그치고, 조선에서는 호랑이가 온다고 해야 울던 아이가 멈춘다는 말이 있다.

아틸라는 투르크 사람으로 匈奴族(흉노족)이란 카테고리에 속한다. 흉노란 Hun(훈)족을 일컫는 말이며 이들은 기원전 3세기경 몽골지방에서 번성했던 유목민들이다.

흉노족에 대한 역사기록은 없다. 이들이 서양에 진출하여 끔찍한 악행을 저지른 것으로 구전되는 유럽인들의 전설을 기록하고 있는 것들을 토대로 역추적하여 재구성하는 연구로 흉노족들 실태를 찾고 있는 실정이다.

일부 학설에 따르면 흉노와 훈족은 동일한 민족으로서 전성기를 지나 분열하면서 북흉노와 남흉노로 나뉘어 싸우다가 세력이 밀리던 남흉노가 후한과 선비족의 지원을 받아, 연합군을 결성하여 맹공격을 가해 서기 155년경 북흉노를 멸망시켰다. 이때 전쟁에서 패한 북흉노의 지배 세력들은 우랄산맥을 넘어 서쪽으로 이동하여 마적단 수준으로 활동하다가 약탈로부터 재원을 충당 조달받으면서 정복세력으로 바뀐 것으로 보는 학설들이 많다.

승자라고 할 수 있는 남흉노족도 사실상 후한 세력들에게 흡수당하고 뿔뿔이 흩어져 떠돌다가 동쪽으로 이동하여 오늘날 경상도 지방에 정착하여 신라를 창건했다는 설도 있으나, 이를 뒷받침할만한 기록은 없다. 만약 신라의 뿌리가 흉노족이 맞는다면 훗날 羅唐聯合軍(라당연합군)을 결성하여 고구려를 무너뜨리고, 그 대가로 唐國(당나라)에게 요동일대를 헌납하여 오늘날 대한민국이 작은 땅덩이에 갇힌 꼴이 된 것이다. 흉노족이

外勢(외세)를 끌어들여 같은 민족을 응징하는 방식으로 후한과 선비족의 세력을 끌어들여 내란을 일으켜 싸우다가 스스로 멸망한 혈통유전 특성에 의한 결과는 아닌지 모르겠다.

어쨌든 훈족은 서기 5세기경 강력한 세력을 형성하여 서쪽에 라인 강 유역으로부터 카스피 해안까지 진출하여 한때는 대제국을 형성했다. 훈족의 지도자 아틸라는 북흉노족의 지배계급 후손으로서 처음으로 서방세계로 진출한 기마민족의 대이동이었다. 그들은 탁월한 기동성과 그들만의 뛰어난 활을 가지고 있었으며 후한과 선비족 등 남흉노족과의 거대한 연합군과 싸웠던 경험을 활용하여 강력한 전투력을 유지하고 있어, 그때까지는 비교적 평화롭던 서방세계를 정복하는 것은 그리 어렵지 않은 진출이었다.

처음에 알란족과 슬라브족은 강력하게 저항했지만 용감한 아틸라가 이끄는 훈족의 공격을 막아내기는 역부족이었다. 결국은 슬라브족 등도 항복하고 흉노에 흡수되어 계속되는 西進征服(서진정복) 전쟁에 혁혁한 공을 세우는 충성스런 군대로 군림하는 듯했지만 내용에 있어서는 흉노의 세력 확장에 이용당하고 있었을지라도 승자의 오만을 즐기면서 귀염을 받고 있었다. 왜냐하면 아틸라는 무조건적으로 잔인한 지도자는 아니었다. 자신에게 충성하는 정복민족에게는 오히려 적당한 자치권에 의한 자유를 주는 등 복종에 상응하는 정도로 대우해 주는 방식으로 화합하여 짧은 기간에 대제국으로 불어나는 탁월한 지도력을 발휘했던 것이다.

그렇게 용맹을 떨치던 아틸라도 결국 서기 453년 사망하여 큰 아들 엘라크가 후계를 이어 받았다. 처음 얼마간은 아버지처럼 왕권을 행사했지만 동생인 뎅기지크가 권력을 나누어 가져야 한다고 이의를 제기하고 나섰다. 형제간의 끈임 없는 불화를 잠재우기 위해 일부 권력을 나누어 주기도 했으나, 결과적으로 더 심각한 혼란을 겪게 된다. 권력을 얻게 된 동생은 그 힘을 이용하여 추종세력을 거느리게 되면서 노골적인 당파싸움으로 번져 파국지경까지 갔다가 결국엔 엘라크가 다시 승리하여 혼란을 수습하고 간신히 권력을 재차 독점하고 두 동생을 추방했다.

그러나 엘라크가 두 동생을 추방하여 세력이 약해진 틈을 타 게피타이족이 반란을 일으켰다. 이에 동조하는 게르만 민족이 게피타이를 도와 연합군을 결성하여 협공을 가해오자, 엘라크는 최선을 다해 싸웠지만 정복자들로 구성된 흉노제국의 모든 조직은 군주가 약해질 때 배신당할 수밖에 없었으므로 패배를 거듭하다가 종말을 고했다. 결국 소수의 종족형태로 분화한 흉노의 마지막 지도자 뎅지지크와 에르나크는 각자의 추종자들을 거느리고 '도나우 강' 하류까지 쫓겨 와 동로마제국에 거처를 제공해달라는 협상을 시도했으나, 세력이 없는 그들에게 조건이란 매개가 없었음으로 처절하게 무시당하며 구걸에 가까운 굴종으로 근근하게 살다가 타민족들에게 흡수되어 민족의 구심점은 소멸 당했다.

▮▮ 훈(흉노)족의 전투력

훈족의 전투력은 가히 당할 민족이 없었다. 그들의 활은 특수하게 제작되어 射殺(사살)거리가 약 150m 정도 되고 射傷(사상)거리는 무려 300m나 된다. 거기다가 활을 쏘는 조준 능력이 뛰어나 필살의 사수로 알려져 있으며 훈족이란 말 만들어도 오줌을 질질 쌀 지경이라는 것이다.

그렇다면 왜 그들이 무서울까? 훈족의 전투력에 원천은 말을 이용하는 것이었다. 그들은 말위에서 잠자고 식사도하며 심지어는 용변까지도 마상에서 해결했다고 하니 가히 그 위력을 짐작할 만하다. 과연 어떻게 마상에서 식사를 해결할 수가 있었을까? 그들은 식사를 조리해서 먹는 게 아니다. 가령 소를 한 마리 잡아 뼈와 내장을 분리하고 살점 부분만 잘게 썰어서 햇볕에 말리면 작은 마대자루 하나쯤 된다는 것이다.

훈족들은 그렇게 고기를 말려 육포를 마대에 담고 약간의 소금을 준비하여 마상에 싣고 다니며 전투를 한다. 싸우다가 지쳐 휴전을 하게 되면 마상에 앉아서 잠시 자다가 지친 적들이 쉬거나 식사를 할 때 불시에 공격하는 등으로 적군으로 하여금 쉴 틈을 주지 않아, 마치 그로기 상태로 몰아가서 쉽게 승리한다는 것이다. 보통의 군사들은 식사를 준비해 주는 병사들이 있고 준비된 식사는 모여서 편한 자세로 먹어야하고 싸우다가 지치면 잠을 자 주어야만 에너지가 형성되어 전투력이 나오는 것이다.

그런데 훈족 병사들은 적군이 잠잘 때도 전투할 수 있고 식사 할 때도 공격할 수 있으며 아예 전투 준비가 필요 없는 그들은 晝夜長川(주야장천) 전투력을 유지하는 공격자라는 것이다. 그런 전투력을 무슨 수로 막아내겠는가, 그들은 배고프면 마상에 싣고 다니는 육포와 소금을 먹은 후 가죽 주머니에 담고 다니는 물을 마시며 부족한 섬유질은 아무 곳에나 잘 자라고 있는 전쟁터의 인근에 채소와 산나물을 뜯어먹고 과실나무에서 열매를 따 먹으면서 그들에게 필요한 영양분을 충분하게 섭취한다는 것이다.

훈족 군대에 있어 육포와 소금만 준비하고 섬유질과 마실 물은 전투현장에서 어렵지 않게 조달한다. 잠 잘 수 있는 막사도 필요 없고 말먹이 또한 전장 인근에 잡초로 해결한다면 겨울을 제외하고는 별로 곤란할 일이 없는 최강의 군사력이 되는 것이다. 그들에게 있어 말 타기를 얼마나 잘 활용하느냐 하면 회의도 말을 탄 채로 하고 손님이 와도 마상에서 맞아 환담을 한다는 것이다. 이를 바꿔 말하면 전쟁이 시작되면 거처가 필요 없이 말 위에서 모든 일상생활을 해결한다는 것이다. 원정군이라면 가장 곤란하게 보급품 수송이다. 그것들을 장만하는 것도 문제지만, 전장까지 실어 나르는 것 또한 큰 문제다. 그런데 육포는 전쟁 중 죽어가는 말을 해체하여 햇볕이 잘 드는 곳에 두면 저절로 마르고 모자라는 것은 점령지역 가축을 잡아서 해결하면 된다. 이들에게는 전쟁비용이 필요 없는 것이다. 전투식량 구입비용도 필요 없고, 수송비용도 걱정 없었으니 고대 사회에서는 지구상에 그런 군대를 대적할 군사력을 가진 나라는 흔치 않았을 것이다.

훗날 훈족의 후예인 징기스칸이 순식간에 중국대륙을 정벌하고 우랄산맥을 넘어 유럽까지 진출했던 막강한 전투력 또한 그 원천은 식량걱정 없이 모든 보급이 원활했던 탓이다. 때문에 그들은 유럽지역의 대항군과 싸워서도 일방적으로 승리했다. 하지만 그렇게 무적의 군대에게도 약점이 있었다. 전투에서 승리하고 전승 관리에서 패하는 것이었다. 적국을 정벌하고 궁전을 만들어 그 안에 들어가기만 하면 상황이 달라지는 것이다. 아름다운 여자라면 가리지 않고 데려다가 육신을 농락하고, 그 숲속에 빠지면 헤어나질 못하는 것이다. 각, 점령지에서는 유명한 요리를 바치고 화려한 의상과 금은보화에 포로가 되어 호의호식하다보니 육신은 점차 비대해져 전투력은 고사하고 걷는 것도 힘이 겨워 비틀거리고 정신세계는 녹이 슬고 눈빛은 흐려져 한 여름에 물간 생선 꼴이 되어 허우적거리는 사이에 적들은 사방에서 칼을 갈고 있었다면 그들이 몰락하는 것은 시간문제였다.

강한 전투력은 피나는 훈련으로부터 나온다. 훈련은 피나는 고통을 이겨내는 자들의 다져진 체력으로부터 전투력이 비례하는 것이다. 물론 체력만 가지고 전투력을 평가할 수 는 없으며 지략과 용맹성도 있어야 한다. 무엇보다도 중요한 것은 전투에서 이기고도 지는 경우가 있다. 그것은 전승후의 복속된 영토의 관리와 민중들의 통치능력이다. 그 사후 관리능력이 없는 승자들은 역사 속으로 사라져간 것이다. 그래서 훈족의 수장 아틸라도, 징기스칸도 그 후예들은 처참한 종말을 맞았다.

그런 측면에서 본다면 조선이 일본에게 패한 원인도 유약하기만 했던 양반계급들에 썩은 정신세계로부터 망국의 쓴 맛을 본 것이다. 양반들은 상민들만 잘 관리하면 그것이 곧 부강의 원초라고 생각했으며 그들의 부귀영화는 영원하리라고 믿었던 것이다. 가난하고 헐벗는 상민들에게 먹을 것을 넉넉히 나누어 주고 함께 더불어 산다면 더 부자가 될 기회를 잃는다고 생각했다. 농민을 깔아뭉개고 시문을 뽐내며 놀아 봐도 만족이란 없었으므로 심심함을 견디기 위해서는 기생을 불러 모아 흐드러지게 여흥을 즐기는 것이었다. 하지만 그 대가는 일본에게 침략당해 모든 것을 잃는 처참한 것이었다.

과연 오늘날은 어떠할까? 청소년들은 입시학원을 전전하며 밤중까지 공부에 매달리고 잠시라도 짬이 나면 스마트폰 게임에 매달려 혼자서 킥킥거리고 육체적인 단련이 없으니 먹는 것이 시원치 않아, 힘의 원천인 臟器(장기)들의 발달은 비장성적으로 뒤틀려 체형까지 왜소하거나, 비대해져 웃자란 키는 균형이 깨지고 열량이 높은 식품만 먹다보니 비만체형으로 덩치만 부풀어 걷기도 힘들어하며 뒤뚱거리는 지경이다. 이런 아이들이 성장하여 군대에 징집되어 가봤자, 전투력은 고사하고 신주단지 모시듯 받들어 뫼시지 않으면 일상생활을 견디기도 어렵다고 자살하기 일쑤다. 그러다보니 지휘관들은 휘하부대에서 무슨 사고가 나면 진급에 지장이 있다는 사실을 겁내며 신병 모시기 작전에 매달려 부하들에게 엄명하여 유명인사 자제들 알아서 모시기에 골몰하는 상태다.

나태하고 정신력이 해이된 군대 조직들은 오직 진급과 돈벌이 수단에 눈이 멀어 입맛에 맞는 정권 창출을 위해 선무공작 대상으로 적국이 아닌 자국의 민간인 중 나이 들고 무식한 사람들을 겨냥해 인터넷 여론조작에 동원하기까지 했다는 것이다. 정부는 각 시군의 행정력을 통해 60세 이상 노인들에게 거의 공짜에 가깝게 인터넷 사용법을 교육시키고 있다. 그 덕택에 노인들도 인터넷을 검색하여 국민여론 형성에 참여하고 있으나, 이들이 배운 식견이라고는 독재자들로부터 세뇌당한 정신교육이란 게 전부이므로 사실상 반민주적인 사상교육 조금 받은 것이 고작이다. 따라서 인터넷 검색 관심대상 또한 군대시절에 귀가 따갑도록 들어왔던 때려잡자 김일성 교육과 사회에 나와서는 독재 권력이 주도했던 정신무장 교육이란 것도 그 주된 내용은 아무리 부패한 정권일지라도 비난하는 놈들은 빨갱이들의 유언비어 때문이란 식의 착각으로 유도될 소지가 다분한 논리였다. 강사라는 분들이 떠들어대는 이른바 시국안보강연을 받은 게 유일한 지식 사상이기 때문에 자신들이 배우고 믿어왔던 빨갱이 분류법에 맞는 논리만을 만고의 진리로 알고 있다. 인터넷을 열심히 검색하여 주장이 비슷한 사람들끼리 의견을 주고받아 서로의 생각을 공유하며 젊은이들을 가르치기까지 한다.

▎ Fail(패일): 패하다, 실패, 지다

Fail(패일)은 패하다이며 이의 반대말은 Win(윈)으로 승리가 된다. 이 또한 우리말이 영어로 변형된 것이다.

▎ Win(윈): 이기다

이 말은 패하다의 반대말로 윈이며 우리말 이김에서 변형된 영어로 본다.

‖ Sorry(싸리): 서운하다, 싸하다, 미안하다

이 또한 우리말 서운하다에서 변형된 영어로 본다.

‖ Sad(쌔드): 슬프다, 서운하다

Sorry(싸리) 또는 Sad(쌔드)는 비슷한 뜻을 가지는 우리말 슬프다와 서운하다에서 온 말로 이 또한 오랜 기간의 변형을 거친 영어로 본다.

‖ Anger(안거): 악쓰다, 앙알거리다, 화내다

이 단어 역시 우리말 악쓰다에서 변형된 영어로 본다.

‖ Charming(차밍): 착하다, 매력적이다

우리말 착하다에서 변형된 영어로 본다.

‖ Horror(호로): 호들갑 떨다, 무서워 공포에 질리다

이 단어도 우리말 호들갑 떨다에서 변형된 영어로 본다.

‖ Soul(쏘울): 소름 끼치다 (넋, 영혼, 귀신 등으로부터)

이 단어 역시 소름 끼친다는 우리말에서 변형된 영어이다.

‖ Powder(파우더): 가루, 분말, 빻다, 방아 찧다

파우더는 우리말 방아 찌어 빻다에서 변형된 말이며 곡식을 빻으면 가루가 된다에서 변형된 영어로 본다.

◀▌ of fice(오피스): 벼슬, (베슬) 사무소

오피스를 사무실로 번역한다. 하지만 단어의 구성을 자세히 들여다보면 of는 전치사이고 fice(피스)는 영어 단어로서 뜻이 없다. 바꿔 말하면 오피스라고 할 때 비로소 사무실 관직 따위 등 벼슬아치를 의미한다. 우리 고대어 벼슬을 영어권이 알파벳으로 받아 적을 때 그들 귀에 들리는 대로 Fice(피스)로 받아 적어 변형된 영어라고 보는 것이다.

◀▌ Abuse(아부제): 압제, 혹사

이 단어는 우리말 압제 또는 압박에서 변형된 영어로 본다. 예를 들어 Sexual Abuse(섹스 아부제)는 성폭행이다.

◀▌ Warm(왐): 아늑하다, 따듯하다

우리말 아늑하다에서 변형된 영어로 변형된 것으로 본다.

◀▌ Solicit(솔리씯): 홀리다, 권유하다

우리말 설득하다, 홀리다 등에서 변형된 영어로 본다.

◀▌ Display(디스플레이): 뒤스럭 펴다, 진열하다

뒤적거리다, 물건을 펴서 진열하다 등등 우리말 뒤스럭피다에서 온 말로 본다.

◀▌ Glom(글롬): 거머쥐다

우리말 그러쥐다, 거머쥐다에서 변형된 영어로 본다.

▮ Amount(어마운트): 얼마, 대략

대략 얼마? 등에서 변형된 영어로 본다.

▮ Estimate(에스티매트): 어림짐작, 대략

어림계산이란 우리말에서 변형된 영어로 본다.

▮ Quite(퀘잍): 꽤, 많은

우리말 꽤, 많음에서 변형된 영어로 본다.

▮ Humid(휴밑): 후덥다, 무덥다

우리말 후덥지근하다에서 변형된 영어로 본다.

▮ Between(비투인): 빈틈, 틈 사이

우리말 빈틈사이에서 변형된 영어로 본다.

▮ Blow(블로우): 불다

우리말 바람을 불다 또는 입으로 불다에서 변형된 영어로 본다.

▮ Worry(워리): 우려, 근심, 걱정

우리말 우려에서 변형된 영어로 짐작된다.

▮ Car(카): 차, 자동차

우리말 차(牛馬車)에서 변형된 말로 본다.

▌▍ White(화이트): 하얗다, 백색

우리말 하얗다에서 변형된 영어로 생각된다.

▌▍ Lip(립): 립, 입술

우리말 입에서 변형된 영어라고 판단된다.

▌▍ Leaf(리프): (풀)잎, (나무) 잎

우리말 풀잎 등에서 변형된 영어라고 생각된다.

▌▍ Dome(돔): 둥근, 원형

우리말 둥글다에서 변형된 영어로 본다.

▌▍ Mosquito(마스키토): 모기

우리말 모기에서 변형된 영어로 본다.

▌▍ Chilly(칠리): 춥다, 실실하다

우리말 쌀쌀하다, 실실 춥다 등에서 변형된 영어로 본다.

▌▍ Alone(얼론): 외로움, 혼자

우리말 외롭다에서 변형된 영어로 본다.

▌▍ Draw(드로우): 당기다

우리말 당기다에서 변형된 영어로 본다.

▐▌ Shelves(실브어): 시렁, 걸다, 걸이

　우리나라 좀 연세 드신 분들은 옷가지 등을 걸어두는 곳을 시렁이라고 불렀다. 시렁은 무엇을 걸어두는 Shelf(선반)에서 변형된 영어로 본다.

▐▌ Sorrow(서러워): 슬픔, 서럽다

　우리말 서럽다에서 변형된 영어라고 생각한다.

▐▌ Dung(덩): 똥

　우리말과 비슷한 영어다.

▐▌ Dam(댐): 담, 둑

　우리말 담장에서 변화된 영어로 변한 영어다.

▐▌ Ache(에크): 아픔, 아프다

　우리말 아프다에서 변형된 영어로 판단된다.

▐▌ Deep(딥): 깊이

　우리말 깊다에서 변형된 영어다.

▐▌ Mind(마인드): 마음

　우리말의 마음에서 변형된 영어로 본다.

▐▌ Widow(위도우): 외톨이, 과부

　우리말 외톨이에서 변형된 영어다.

▌ Mote(모트): 먼지

우리말 먼지에서 변형된 영어로 본다.

▌ Anybody(앤이바디): 아무든지, 누구나

우리말 아무나에서 변형된 영어로 본다.

▌ Anywhere(앤이웨어): 아무데나

우리말 아무데서나, 어디서든지 등에서 변형된 영어로 생각
된다.

▌ Blue(블루): 푸른

우리말 푸르다에서 변형된 영어로 생각된다.

▌ Harm(함): 해롭다

우리말 해롭다에서 변형된 영어다.

▌ Awesome(아썸): 아싸

두려움, 아! 무서워… 등에서 변형된 우리말이다.

▌ Debate(디배트): 토론, 논쟁

티격태격이란 우리말에서 변형된 영어로 본다.

▌ Quarrel(쿼럴): 소리 지른다

고래고래 소리 지르다에서 변형된 영어로 본다.

▮▮ Bubble(버블): 거품

우리말 부풀다, 부풀어 오르다 등에서 변형된 영어로 본다.

▮▮ Choose(추스): 추리다, 고르다

추리다, 고르다에서 변형된 영어로 본다.

▮▮ Dull(덜): 띨 하다

띨 하다, 멍청하다 등에서 변형된 영어다.

▮▮ Dreck(드렉): 더럽다

(똥, 오물) 더럽다에서 변형된 영어로 본다.

▮▮ Sexual(쎅술): 섹스

우리말 썹에서 변형된 영어다.

▮▮ Magic(매직): 마술

우리말 마술에서 변형된 영어다.

▮▮ Reason(리즌): 이유, 까닭

우리말 이유에서 변형된 영어다.

▮▮ Hey(헤이): 어이!

우리말 가벼운 호칭에서 변형된 영어다.

■ Generation(젠에래이션): 전체, 모두

전체라는 우리말에서 변형된 영어로 본다.

■ During(더링): 동안, 사이

우리말 (얼마 또는 잠시) 동안에서 변형된 영어로 본다.

■ Tornado(토네이도): 돌 바람, 돌풍

강력한 돌 바람을 의미하며 도는 바람에서 변형된 영어다.

■ Much much(머치 머치): 무지무지 많다

우리말 무지가 많다인데 무지가 두 개 겹쳐 있으니 아주 많다는 뜻에서 변형된 영어다.

■ Chop(찹): 잡다, 자르다, 찍다

우리말 중에 (생선 또는 동물) 소, 돼지를 잡다 등등의 말에서 변형된 영어로 본다.

■ Cough(커프): 고뿔, 기침

우리의 노령 층 분들은 감기를 고뿔이라고 한다. 感氣(감기)는 바이러스에 감염되었음을 의미하는 한자 사용 이후에 쓰던 말이고 아마도 고대엔 순수한 우리말로 기침을 고뿔로 사용했을 것으로 여겨진다. 따라서 우리말이 변형된 영어다.

■ Amazing(어매징): 어머!

굉장히 놀라울 정도의 감탄사를 표현하는 우리말에서 변형된 영어다.

▐ Assume(어슘): 아 싸! 옳아!
잘 되었다(당연함)는 우리말에서 변형된 영어다.

▐ Awe(어우): 와우!
두려움에서 표현하는 와우… 등의 우리말에서 변형된 영어다.

▐ Savage(싸배이지): 싸가지, 야만인, 미개인
우리말 싸가지 없다는 말이 있는데 이 말은 좋은 싹이 보이지 않는다는 의미로 사용하고 있으나, 영어에서는 미개인들을 가리키는 말로 사용하고 있으며 본래의 우리말은 '싸가지'(있다, 없다가 아니라)라고 했을 것으로 짐작된다.

▐ Throng(스렁): 술렁임, 웅성거림
우리말 군중들이 모여 수군거리고 곧 무슨 일이 일어날 것 같은 상황에서 비롯된 영어이다.

▐ Anytime(앤이타임): 아무 때나
우리말 아무 때나, 언제나, 항상 등에서 변형된 영어다.

▐ Any how(앤이하우): 아무렇게나
아무렇게나, 어떻게 하든 등 우리말에서 변형된 영어로 본다.

▐▌ Terror(테러): 두려움

　어디서 어떻게 공격할지 모르는 무서움을 설명하는 두려움에서 변형된 영어로 본다.

▐▌ Cream(크림): 기름, (동물의) 기름

　우리말 동물성 기름에서 변형된 영어이다.

▐▌ Bow(바우): 拜(배), 절, 인사

　우리말 절에서 변형된 영어이나, 한문 창제이후에 영어권으로 가져간 단어로 여겨진다.

▐▌ Weak(위크): 약하다

　우리말 유약하다, 약하다 등에서 변형된 영어로 본다.

▐▌ Ripe(리프): (과일 따위가) 익다

　우리말 과일, 열매, 따위가 익었다에서 변형된 영어로 짐작된다.

▐▌ Junk(전크): 잡것, 잡동사니

　우리말 쓰레기 잡다한 살림살이 도구 따위에서 변형된 영어로 본다.

▐▌ Beg(벡그): 비러(비러 먹다)

　우리말 거지, 빌어먹다, 무엇을 달라고 비는 상황설명에서 유래된 영어이다.

❙❙ Solely(쏠리): 쓸쓸, 혼자

혼자 있는 쓸쓸함을 나타내는 우리말에서 변형된 영어다.

❙❙ Crush(크러쉬): 찌그리다, 누르다

찌그러지다. 우리말 표현을 영어가 변형시킨 것으로 짐작된다.

❙❙ Suddenly(써든리): 서둘다, 별안간

갑자기 서둘다 등에서 변형된 영어로 본다.

❙❙ Slid(슬라이드): 쓰러지다

우리말 쓰러지다, 미끄러지다 등에서 변형시킨 영어로 본다.

❙❙ Ugly(우글리): 우그리다

우리말 우그리다, 찌그리다 등에서 변형된 영어로 본다.

❙❙ Tremble(트렘블): 떨다

우리말 와들와들 떨다, 공포스런 상황을 설명하는 표현에서 변형된 영어로 본다.

❙❙ Succeed(썩씨드): 쑥쑥 크다, 재산이 쑥쑥 늘다 (성공, 성취하다)

키가 쑥쑥 커지다 등에서 변형된 영어다. 물론 성공이란 뜻으로 번역되고 있으나, 成功(성공)은 한문이다. 사실 먼 과거 배달나라에도 성공이란 개념이 있기는 했는지 모르겠다. 굳이 끌어다 붙인다면 사냥에 성공을 의미한다고 할까, 아예 없는 것은 아닐 테지만 그 옛날에 출세가 흔한 시대도 아니었을 테고 부동산, 주식 투기 같은 것으로 재산이 확 늘어나는 등 이른바 벼락부자가 되는 시대도 아니라면 성공을 논할 주제는 많지 않았으리라고 본다. 그렇다면 성공이란 단어가 쓰인 것은 격변하던 시대인 한문 창제 이후에 이르러 생겨난 단어라고 여겨진다. 따라서 우리 고대 사람들은 쑥쑥 불어난다던가, 늘어난다는 단어를 사용했을 것으로 본다.

결론에 갈음하는 역사적 사실들!

위에서 검토한 바와 같이 우리말이 변형된 형태로 영어에 섞여있는 사례 등을 종합해 볼 때 우리 조상들이 영어권 사람들의 언어발전사에 지대한 영향을 미쳤으리란 믿음을 가지게 한다.

(1) 고인돌 분포가 대한민국 전라도에 가장 많아 특히 전북 고창지역엔 고인돌 군락을 이루고 있다. 동북아시아를 거처 갈수록 점점 줄어들다가 유럽에서 끝난다. 이 사실은 우리 민족이 옮겨 간 이동 경로를 나타낸다 할 것이다.

(2) '갈대우르' 왕들의 무덤에서 약 3천 년 전에 만들어진 것으로 추정되는 거문고와 도장이 나왔다. '도장'은 중국 요하문명권 紅山文化(홍산문화)유적에서도 약 5천 년 전 것으로 추정되는 것이 발굴되었다. 이는 갈대우르 유적에서 출토된 도장과 연결 지을 수 있다. 또한 거문고는 우리 고유 악기다. 영어권에서는 Harp(하프)로 번역하고 있으나, 거문고를 개조하여 짧게 줄여서 Half(할프)로 부르다가 Harp(하프)로 바뀌었을 개연성도 있다. 발굴자가 영국인이기 때문에 거문고를 Harp(하프)라고 기록하고 있지만, 서양에 하프 역사가 그리 오래 되지 않았다.

거문고는 대략 서기 1,500년경에 서양에 전해져 오늘날의 하프 형태로 변화된 것으로 알려져 있다. 그러나 일부 서양 학자들은 수메르무덤에서 발굴된 하프가 BC 3천여 년 전 것이라는 점을 들어 서양의 하프역사가 오래된 것으로 주장하고 있지만 수메르 민족은 우리 민족으로 보기 때문에 서양문명이라고 단정할 수 없다.

동양의 거문고가 서양으로 전해졌을 것으로 보는 이유로써 '갈대우르'란 국가명칭에 있어서도 '갈대'는 바로 우리의 고유명사이며 실제로 그 지역은 갈대밭이 무성할 뿐 아니라, 갈대를 엮어서 지붕을 덮었고, 신전의 기초공사를 하면서 벽돌 사이마다 갈대 매트를 끼워 넣고 역청을 발라 산화를 방지하는 데 사용했다. 따라서 갈대와 도장, 거문고, 이것들이 우리의 풍속과 명사이므로 같은 민족이란 정황이다.

(3)영어 종주국은 영국이다. 그런데 영국이란 나라는 세계 각국으로부터 모여든 장사치들의 주요 시장이었다. 그곳을 장악한 사람들은 바이킹들로서 국제 상인들을 등쳐먹고 살았던 깡패 해적들이었다. 따라서 우리민족 중에 훈족들은 유럽을 점령하여 통치했던 아틸라가 있었다. 이들이 비록 패망했지만 그 상당수가 유럽에 잔류했으며 복속되었던 유럽인들 또한 많기 때문에 지배세력인 훈족언어를 배우고 익혔을 개연성이 아주 많다. 관련하여 영어의 종주국이었던 영국이 과거부터 강력한 국가가 아니었다. 오늘날 우리나라 여성들도 애용하고 있는 High Hill(하이힐) 즉, 굽이 높은 구두의 유래를 떠 올린다면 얼마나

더러운 도시였는지 상상이 될 것이다. 누구나 아는 상식이지만 불과 몇 백 년 전의 영국은 화장실이 없었다는 것이다. 도심 아무 곳에서나 용변을 봤으며 밤에는 요강에다 볼일 보고 길거리에 내다버려 도저히 걸어 다닐 수가 없어서 신발 굽을 높게 만들어 신고 다니던 데서 유래한 게 오늘날에 아주 고급신발로 여겨지며 '삐딱구두'라 불리는 하이힐인 것이다.

이 책 서두에서 언급한 바와 같이 교육을 통해 강조하는 반대가 진실인 경우가 많다. 일본인들도 天孫降臨(천손강림) 설화를 부르짖으며 야마토 정권의 후예라고 강조하지만 일본인들 조상은 백제, 가야, 신라 등의 후손임을 부정할 수 없는 역사적 진실이 일본의 역사유적들을 통해 속속들이 나타나고 있다. 또한 수년 전에 일본 천황이 자신의 조상은 한국의 고대인이라는 사실을 언론에서 말한 사실도 있다. 우리나라도 혼합 민족임을 숨기려고 역사교과서를 통해 단일민족임을 강조한 것처럼 영국 또한 협잡꾼 깡패들 집단이 국가를 건설했을 뿐만 아니라, 화장실도 없는 빈민들이 우글거리던 시궁창과도 같은 국가를 탈피하면서 우아하게도 신사의 나라라고 교육시켜 온 것이다. 따라서 영국 원주민인 아일랜드계는 強盜(강도) 정권으로부터 쫓겨난 신세가 되었다. 이 혼합 민족들에게 무슨 전통적인 역사가 있고 제대로 된 언어문화가 있었겠는가? 그래서 영어가 잡탕어가 된 것이다.

결론적으로 우리 고유 언어가 영어에 많이 섞여 있는 것은 우리 민족이 어떤 형태로든 영국의 초기 민족 언어 형성에 영향을 끼쳤다는 정황이다. 어쩌면 훈족의 언어를 사용했을 수도 있고 商團(상단)으로 참여했을 수도 있고 아니면 노동자 빈민으로 살았을지도 모른다. 또한 우리 조상 장례문화인 고인돌 무덤이 한반도에서 시작하여 유럽에서 끝난다는 게 우리 민족과 관련성을 유추할 수도 있다. 어쨌든 영어문화에 상당한 영향을 줄 수 있는 시기에 어떤 형태로던 영향을 끼치는 위치에 있었으리란 정황이라 할 것이다.

저자의 말

　이 글을 끝까지 읽으신 분들에게 감사드립니다. 저자는 앞으로도 영어와 우리 고대어 관계를 계속하여 공부하고 연구하고자 합니다. 따라서 내가 아직 찾아내지 못한 우리 고대어를 알고 계시는 분들께서도 이 연구에 직접 참여해 주신다면 고맙겠습니다. 끝으로 뜻이 있는 곳에는 반드시 길이 있다는 말로 독자 여러분들의 정진과 성공을 기원하면서 이 글을 맺고자 합니다.